VIVIR DE MI LIBRO

CÓMO ESCRIBIR UN LIBRO Y JUBILARTE EN MENOS DE UN AÑO

Kevin Albert

ISBN 978-9916-9938-9-7

Aviso: Este trabajo se deriva de la experiencia del autor en la escritura, publicación y venta de libros. Su objetivo es informar e inspirar a otros escritores, proporcionándoles herramientas y estrategias para triunfar en su camino hacia la autopublicación. No existe una fórmula mágica para todos, por lo que las ideas y consejos expuestos deben ser seleccionados y adaptados cuidadosamente para satisfacer las necesidades, metas y deseos de cada individuo particular.

A mi largo *déjà vu*, Maia.

ÍNDICE

SECCIÓN 1: ESCRIBE TU LIBRO

SECCIÓN 2: PUBLICA TU LIBRO

SECCIÓN 3: VENDE TU LIBRO

¡Un regalo solo para ti!

¿Te gustaría leer **mi próximo libro completamente GRATIS**? ¡Escanea el código que aparece debajo y **apúntate a mi club de lectores**!

Te esperan grandes sorpresas: sé el primero en leer mis nuevos lanzamientos, escucha mis audiolibros de forma gratuita, consigue copias firmadas y dedicadas... ¡y mucho más!

¿Te gustaría leer mi próximo libro completamente GRATIS? Escanea el código que aparece debajo y suscríbete a mi club de lectores!

Te esperan grandes sorpresas: podrás leer en primicia mis nuevos lanzamientos, conseguir mis audiolibros de forma gratuita, conseguir copias firmadas y dedicadas... ¡y mucho más!

ESCRIBE TU LIBRO

- 7 PASOS PARA ESCRIBIR UN LIBRO RÁPIDO Y BIEN -

No tienes que ser grande para empezar,
pero tienes que empezar para ser grande.

—ZIG ZIGLAR

Introducción

Recuerdo que un día, cuando tenía unos siete u ocho años, la profesora me dio una nota para que se la entregase a mi madre. En ella, la citaba para que pudiesen reunirse y hablar de mí y de mi desempeño académico (por aquel entonces, no existían los grupos de WhatsApp para padres y madres de alumnos). No me acuerdo a ciencia cierta de si la reunión era para bien o para mal, aunque lo que sí recuerdo todavía es lo que me dijo mi madre al llegar a casa: «Kevin, la *seño* dice que eres un niño muy listo pero que parece que escribes mal a propósito, solo por llamar la atención».

Por desgracia, yo no escribía mal a propósito ni por llamar la atención, simplemente escribir no se me daba bien y mi letra tampoco ayudaba... ¡ni ayuda! A día de hoy cualquier persona que me vea escribir no puede evitar decirme: «Tienes letra de médico».

El miedo a escribir es algo que me acompañó hasta el final de mi época universitaria. En todos los exámenes de desarrollo siempre acababan bajándome la nota, ya fuese por no saber expresarme bien o porque no entendían mi letra. A diferencia del resto de mis compañeros, yo cruzaba los dedos para que los exámenes fuesen tipo test, pues a mí no me funcionaba aquello de «soltar el rollo» si no me sabía la lección.

Por suerte, mi afán aventurero siempre ha sido más fuerte que mis miedos y, allá por el año 2012, se me ocurrió la genial idea de convertir un trabajo del MBA que estaba cursando en la Universidad de Alicante en un libro.

¡Un libro! ¡Yo! ¡¿En qué rayos estaba pensando?!

Podría haberme limitado a juntarme un fin de semana con otros tres compañeros más y sacar un sobresaliente en ese trabajo sin demasiados problemas, pero no, decidí hacerlo yo solo... ¡y acabé dedicando **cuatro años en terminarlo**!

Te aseguro que el proceso no fue nada fácil y que estuve a punto de tirar la toalla en no pocas ocasiones. Cuatro años son muchos años. Afortunadamente, contaba con un arma secreta: mi cabezonería. Si me propongo hacer algo, tarde o temprano acabo consiguiéndolo. De esta forma, armado con esta tenacidad que siempre me ha caracterizado, fui sorteando todos los obstáculos que fueron apareciendo en el camino y, mientras me juraba a mí mismo que nunca volvería a pasar por ese calvario, averigüé el modo de poder terminar mi primer libro.

A mediados de 2016, por fin todo estaba listo y el tan deseado momento de apretar el botón de «publicar en Amazon» finalmente había llegado.

¡Clic!

¿Qué demonios ocurrió a partir de ese momento para que pasase de jurarme que no volvería a escribir un libro nunca más a convertirlo en un estilo de vida? Y lo más importante, ¿cómo pasé de escribir un libro en cuatro años a hacerlo en menos de 30 días?

Precisamente de eso va esta sección:

1. Voy a descubrirte **qué cosas maravillosas te esperan tras la publicación de tu libro** (que nunca me podría haber imaginado), para que no tengas que depender, como hice yo, de la cabezonería.

2. Voy a mostrarte el sistema exacto que me permitió pasar de escribir un libro en cuatro años a escribirlo en 30 días o menos, ahorrándote años de aprendizaje y de prueba y error.

Y lo mejor de todo es que no necesitas:

- Ser un gran escritor.
- Tener un título universitario.
- Ser un lector empedernido.
- Tener mucho tiempo libre.
- Ser un experto en tu campo.
- ...

Tan solo necesitas tener algo que contar al mundo. Mi misión será enseñarte cómo hacerlo.

¿Empezamos?

CAPÍTULO 1

Por qué escribir un libro

(Paso 1)

Seguramente, si estás leyendo este libro, piensas que tú ya tienes este punto claro y que puedes saltarte este capítulo. No cometas ese error, ya que, sin ninguna duda, este es el capítulo más importante que encontrarás a lo largo de todo el libro.

Tener un porqué **sin más** y tener un porqué **lo suficientemente importante** puede suponer la diferencia entre escribir tu libro en 30 días, tardar demasiado (como me ocurrió a mí) o, lo que es más habitual, nunca llegar a empezarlo o terminarlo.

Obviamente no todos los libros pueden escribirse en el mismo tiempo; algunos buenos libros son tan específicos y cortitos que pueden escribirse en un solo día (conozco más de un caso), y otros, por su extensión y la necesidad de investigación previa, pueden alargarse varios meses, pero en ningún caso... ¡AÑOS!

Como he dicho, mi gran «error», que supuso que mi primer libro *Branding Low Cost*[1] tardase **mucho más de la cuenta** en ver la luz, fue el no tener un porqué **lo suficientemente importante**.

Branding Low Cost empezó como un trabajo para la asignatura de Imagen e Identidad Empresarial del Máster en Administración y Dirección de Empresas de la Universidad de Alicante. Y por supuesto, dentro del sistema educativo tradicional tu porqué es muy claro: **aprobar las asignaturas**. Nadie me iba a premiar porque mi libro fuese toda una revolución en el mundo del *branding* o porque tuviese el potencial de cambiar la vida de miles o millones de personas. Tan solo importaba que mi trabajo/libro fuese del agrado del profesor para conseguir una buena nota. Y así fue. Con solo veinte páginas escritas, mi trabajo fue el único en conseguir una matrícula de honor entre los más de cuarenta alumnos de aquel MBA.

Pero, una vez aprobada la asignatura, ¿cuál era mi razón para seguir escribiendo? Como seguro que habrás imaginado, ya no había ninguna. Entonces, ¿cómo conseguí terminar mi libro? Fácil, a base de fuerza de voluntad. La única fuente de energía de la que dispuse para terminar mi libro fue simple y pura «cabezonería». No se me ocurre mejor receta para asegurar el fracaso de un proyecto. A pesar de esto, y en contra de todo pronóstico, conseguí acabar y publicar mi libro, eso sí, cuatro años después.

---

[1] *soykevinalbert.com/books/blc*

¿Cuánto más fácil y rápido habría escrito mi libro si hubiese sabido lo que me esperaba después? ¿Cuánto habría tardado en terminarlo si hubiese sido consciente **del poder que tiene un libro para cambiar tu vida**?

Qué puede hacer un libro por ti.

En una palabra: TODO.

¿Piensas que estoy exagerando? ¿Que esa será mi opinión? Pues no. Un libro puede satisfacer tus necesidades a todos y cada uno de los niveles.

Y, para que no tengas que fiarte de mi palabra, te lo voy a demostrar de forma científica utilizando la pirámide de Maslow.

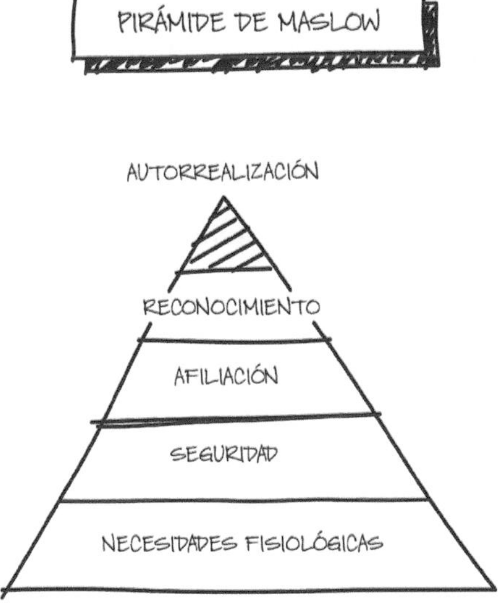

La pirámide de Maslow es una teoría de motivación que trata de explicar qué impulsa nuestra conducta mediante la representación gráfica de las necesidades humanas jerarquizadas en una pirámide de cinco niveles.

Esta teoría defiende que conforme se satisfacen las necesidades más básicas (la parte inferior de la pirámide), los seres humanos desarrollan necesidades y deseos más elevados (parte superior de la pirámide). Sin embargo, en la mayoría de las ocasiones, un libro satisfará las necesidades del escritor en orden inverso, es decir, de arriba abajo. Vamos a verlo.

1. Necesidades de autorrealización.

Todos los escritores con los que he hablado, y todos aquellos sobre los que he leído, coinciden en que terminar un libro y, sobre todo, sostener el primer ejemplar físico entre tus manos, produce una sensación de logro y realización personal difícilmente comparable. No es de extrañar en absoluto, pues acaban de conseguir llevar a cabo una proeza con la que sueña la mayoría de los mortales pero que tan solo el 1% consigue completar. No te niegues a ti mismo esta extraordinaria sensación de autorrealización.

2. Necesidades de reconocimiento.

¿Alguna vez te has preguntado qué es necesario para conseguir ser reconocido como experto sobre un determinado tema? ¿Quizá tener un título universitario? ¿Dos? ¿Tres? ¿Un máster? ¿Un blog? ¿Un canal de YouTube? ¿Una cuenta en Instagram con tropecientos seguidores?

Aparte de tener un doctorado o salir un programa de la tele —el que sea—, no se me ocurre mejor forma de conseguir un reconocimiento inmediato que haber escrito un libro, pero a diferencia del doctorado, este no te llevará media vida terminarlo, y menos, si sigues los consejos de este libro.

3. Necesidades de afiliación.

Prácticamente de forma paralela a la satisfacción de la necesidad de reconocimiento, llegará la de afiliación. Lo quieras o no, escribir un libro te incluirá automáticamente en el selecto club de los superescritores, un club al que, como ya he comentado, tan solo el 1% de las personas está invitado.

¿Pensabas que compartir tendencias políticas, nacionalidad o equipo de fútbol unía a las personas? Ya verás el sentimiento de compañerismo que produce juntarte con otras personas que hayan pasado por el intrincado y solitario camino del escritor. Es como llevar meses perdido en un país en el que no conoces a nadie y de pronto encontrarte con un colega de toda la vida.

Te aseguro que, en menos de un año y sin tener que hacer absolutamente nada, se habrán sumado a tu lista de amigos unas cuantas personas interesantísimas que, como tú, también hayan escrito un libro.

4. Necesidades de seguridad.

¿Crees que tener un trabajo fijo proporciona seguridad? Espera a ver la tranquilidad que producen los **ingresos pasivos recurrentes**. Es como tener una **pensión de jubilación *inmediata*** y, además, sin la incertidumbre de esta. Por si no lo sabías, todos los expertos coinciden en que las pensiones, tal y como hoy las conocemos, tienen los días contados.

Pero tranquilo, que no cunda el pánico, por eso estás aquí. Tú puedes diseñar tu propio plan de jubilación, y no solo eso, sino que puedes crear tantos planes o **libros de jubilación** como quieras.

Si eres una persona espabilada, que tu jubilación dependa de ti y no de un gobierno mezquino e incompetente, es una muy buena noticia.

5. Necesidades fisiológicas.

Como es evidente, tanto los ingresos pasivos de tu libro como los no pasivos derivados de él (servicios, charlas, etc.) van a permitirte poder alimentarte y dormir tranquilo, dos necesidades fisiológicas básicas importantísimas.

Pero hay una tercera necesidad que puede satisfacer el haber escrito un libro y que no resulta tan evidente: la necesidad reproductiva.

Porque sí, lo quieras o no, escribir un libro te va a convertir en una persona más interesante y atractiva. Lo cual, en una sociedad que presume de considerarse sapiosexual[2], me parece una mucho mejor alternativa a las clases de salsa y bachata a la hora de encontrar pareja ;)

Muy bien, ya hemos corroborado de forma científica que **un libro tiene el poder de satisfacer todas tus necesidades,** estupendo. Pero por muy impactante que pueda resultar este «titular» o por muy bonito que me haya resultado comparar los beneficios de un libro con la pirámide de las necesidades humanas, es posible que para ti esto no suponga **una motivación lo suficientemente importante como para asegurarte que conseguirás empezar *y terminar* tu libro**, pues seguramente, tú ya tenías todas estas necesidades —o la mayoría— cubiertas.

---

[2] Sapiosexual: término que se utiliza para designar a aquellas personas que consideran a la inteligencia como el principal factor en la atracción sexual.

Así pues, si queremos encontrar una fuente de motivación que no se agote a mitad de camino, debemos ser mucho más prácticos y concretos.

Por qué escribir un libro.

Aunque existen tantos porqués como personas, voy a centrarme en los que a mí me parecen **los 7 mejores motivos para escribir un libro**:

1. Vivir sin trabajar.

La mayoría de las personas vivimos esperando a que lleguen las cinco —u ocho— de la tarde para salir de trabajar, el viernes para empezar el fin de semana, agosto para irnos de vacaciones y... los sesenta y cinco años para **jubilarnos y, por fin, poder ser libres y hacer lo que queramos**.

Mucho cuidado, porque puede que muchos no lleguemos a los sesenta y cinco, que la esperanza de vida haya aumentado para entonces y tengamos que trabajar cinco o diez años más, que las pensiones se hayan agotado, que ya no tengamos salud para disfrutarla, etc. Entonces, ¿por qué arriesgarnos? ¿Por qué esperar?

Es cierto que ganar millones de euros con tu primer libro es algo que ocurre en raras ocasiones y que depende, entre otras, de tener un talento excepcional y de un factor de suerte muy considerable.

Sin embargo, ganar entre seiscientos y mil euros[3] mensuales de forma pasiva con tu libro tan solo requiere de una buena estrategia.

Por supuesto, puede que con tu primer libro ganes algo, o mucho, más (aunque eso yo ya no puedo garantizarlo). También puede que ganes algo menos o que tú necesites el doble o el triple para poder jubilarte dignamente. Ningún problema. Tan solo tienes que escribir un libro más, o dos... ¡o los que quieras!

2. Despedir a tu jefe.

A diferencia del motivo anterior, en este no estamos buscando dejar de trabajar, sino dejar de hacerlo para el gilip*** de nuestro jefe, una idea que motiva muchísimo. En este caso, tu libro no sería tu fuente de ingresos (principal), sino **el medio para generar tus ingresos**.

Pongamos el caso extremo. Digamos que decides regalar tu libro (aunque a priori yo no lo recomiendo). Los ingresos por la venta de tu libro serían nulos, pero, en principio, llegarías a más personas que si cobrases por él, estas personas te considerarán un experto y, si has hecho bien los deberes, te convertirás en su

---

[3] Pensión media en España.

opción preferente el día que tengan que contratar a un experto en tu materia: la de tu libro.

Tu libro puede ser la mejor campaña publicitaria para vender tus productos o servicios.

Esta es la situación más común. Incluso habiendo escrito un libro mediocre y sin ninguna estrategia, las ofertas empezarán a llegarte. La vida de muchos autores de no ficción cambia, para mejor, estuviese en sus planes o no.

Date cuenta de que ser «un experto» no es algo absoluto. Si sabes tan solo un poco más que otra persona sobre un determinado tema, para ella tú eres un experto.

Además, en tu caso, que vas a empezar con un porqué claro en mente a partir del cual diseñar la estrategia más adecuada para tu situación particular, tu vida no solo cambiará para mejor, sino que cambiará exactamente en la dirección que tú elijas.

Si hasta ahora te habías ido dejando llevar por las circunstancias y acontecimientos del día a día, este puede ser un buen momento para fijar un rumbo hacia el que navegar.

Escribir un libro es una ocasión estupenda para tomar las riendas de tu vida.

3. Conseguir el trabajo de tus sueños.

Aunque yo en mis sueños no trabajo, entiendo que muchas personas, para sentirse completamente realizadas, necesitan de la aprobación y reconocimiento que solo consiguen cuando X persona o empresa los consideran lo suficientemente buenos como para trabajar para ellos. Si este es tu caso, escribir un libro multiplicará por cien (este dato me lo estoy inventando, aunque no creo que esté muy desencaminado) las posibilidades de ser el candidato elegido, ¡incluso sin necesidad de que haya un proceso de selección abierto!

Sí, esto quiere decir que si escribes un libro con el objetivo en mente de conseguir un determinado puesto de trabajo, prácticamente puedes publicarlo y tumbarte a esperar a que te llamen y sea la empresa la que se cualifique —ellos y no tú— para ser la opción elegida. Ten preparadas «tus» condiciones.

Aunque pueda sonar a fanfarronada, no es más que sentido común. Si has escrito un libro sobre una determinada materia, entre tu público objetivo —tus posibles lectores— seguramente se encuentra el responsable de contratación de la empresa —o del tipo de empresa— en la que te gustaría trabajar. Y si, además, has escrito el libro demostrando que eres un experto en la materia y «dejando caer» (por ejemplo, en tu perfil de LinkedIn) que estás abierto a ofertas de empleo interesantes y que te supongan un desafío —esta última les encanta—, tienes muchas posibilidades de saltar por encima de gente igual o incluso mucho más preparada que tú.

Un libro es el máximo exponente de postureo del «experto».

Con esto no quiero decir que, si tu intención es encontrar trabajo, debas olvidarte de la búsqueda activa de empleo; tan solo quiero recalcar la ventaja competitiva que un libro puede suponer a la hora de ser el candidato ganador.

Ahora toca idear una buena estrategia para asegurarte de que tu libro acaba en las manos indicadas.

4. Olvidarte de tu hipoteca.

Puede que en tu caso no estés buscando dejar de trabajar, tu jefe te caiga estupendamente y ya hayas encontrado el trabajo de tus sueños. Es posible que consideres que tu vida ya es perfecta tal y como está. Pero, ¿no sería un poco más perfecta si pudieses olvidarte de tu hipoteca, cambiar de coche cada dos años en lugar de cada veinte o irte de vacaciones más a menudo o a lugares más exóticos?

Tú decides. ¿Cuál es ese gasto que te resta un poquito de felicidad todos los meses? ¿Qué capricho llevas años posponiendo hasta tener un aumento de sueldo o que te toque un pellizquito en la Lotería?

Los ingresos recurrentes de tu libro te permitirán aumentar en varios puntos tu calidad de vida. Piensa que a partir del momento en que publiques tu libro en Amazon (u otro), todos los meses y de forma puntual, recibirás un cheque o un ingreso en tu cuenta con los beneficios de las ventas de tu libro —tus *royalties* o regalías—, sin que tú tengas que hacer nada y para siempre[4]. Amazon se encarga absolutamente de todo, por lo que tú solo tienes que decidir en qué quieres emplear tu nuevo «aumento de sueldo».

5. Vivir viajando.

La gran mayoría de las personas, a la pregunta de «qué harías si te tocase la Lotería», responden sin pensar «viajar», «viajar más» o «viajar por el mundo». Personalmente pienso que esta respuesta es automática y revela que esa persona nunca se ha parado a pensar realmente qué haría si pudiese hacer cualquier cosa o si el dinero no fuese un problema. Incluso mi madre, que no puede estar fuera de casa más de unas pocas horas, responde lo mismo. No sé yo...

---

[4] Nadie sabe si Amazon durará toda la vida o si cambiará sus condiciones sin previo aviso. No te preocupes, hay muchas formas de prescindir de Amazon. Por el momento, tu único objetivo —y la meta de este libro— es empezar y terminar tu libro.

En cualquier caso, tanto si este es realmente tu sueño como si quieres probar por un tiempo a ver qué tal, escribir un libro también tiene este poder. Además, tienes varias opciones entre las que elegir la que mejor se adapte a ti y a tu situación particular:

a) Vivir viajando - sin trabajar:

- Viajas gracias a los ingresos pasivos que genera el libro —o libros— que ya has escrito.

b) Vivir viajando - mientras trabajas:

- Viajas gracias a los servicios que vendes a través de tu libro. Tus servicios deben poder ofrecerse de manera no presencial u *online*.

- Viajas gracias a los ingresos pasivos que genera tu libro y sigues creando nuevos títulos. Si no puedes ofrecer tus servicios sin estar presente, puedes hacer de escribir libros tu nuevo trabajo.

Lo más bonito de esto es que, si realmente quieres, puedes empezar prácticamente enseguida. Por ejemplo, si no te importa empezar por, digamos, Tailandia, tan solo necesitas unos ingresos —pasivos o no— de trescientos euros al mes, un objetivo muy fácil de conseguir.

Puede que te enamores del país y decidas quedarte para siempre, sin tener que trabajar nunca más, o puede que te entre el gusanillo de visitar otros países (o quieras mejorar tu nivel de vida en el mismo). Puesto que vas a tener mucho tiempo libre, ¿por qué no escribir otro libro? Incluso podrías escribir sobre tu experiencia. Imagina: *Cómo me jubilé y me mudé a Tailandia después de escribir mi primer libro.*

Cuando publiques tu nuevo manuscrito tendrás el doble de ingresos pasivos —si no más—, puesto que seguro que has aprendido muchas cosas desde que publicaste el primero.

Ahora que has decidido doblarte el sueldo, tal vez quieras probar a vivir en Bali. He oído que es una pasada y que con novecientos euros al mes vives «como un rico», con toooooodo incluido. ¿Y si desde aquí publicas un libro más? ¿A dónde quieres mudarte ahora? Está bien la idea, ¿eh? Lo mejor de todo es que es **más que factible**.

¿Ya vas cogiendo carrerilla para ponerte manos a la obra?

6. Ser inmortal.

Desde siempre me ha fascinado esta idea. De pequeño era fan de la saga *Los Inmortales* y hoy en día alucino con los episodios de *Black Mirror* relacionados con este tema. Incluso sigo las noticias sobre nuevos descubrimientos tecnológicos y científicos que aseguran que, en un futuro no muy lejano, podremos vivir para siempre. Pero hasta que eso llegue —si es que llega en algún momento—, la mejor forma de garantizar tu inmortalidad es dejar un legado.

Seguro que has oído aquello de: «antes de morir hay que tener un hijo, plantar un árbol y **escribir un libro**». En realidad, los tres enunciados giran en torno a la misma idea, la de dejar un legado, la de ser inmortal.

Dicen que solo mueres completamente cuando ya no hay nadie que te recuerde. Escribir un libro es una estupenda forma de mantener vivo tu recuerdo para siempre y, al contrario de lo que yo mismo pensaba de pequeño, mucho más fácil, rápido y con menos esfuerzo que tener un hijo :)

7. Cambiar el mundo.

He decidido dejar este motivo para el final porque este es «mi motivo». Esta es mi mayor fuente de energía, mi porqué, mientras escribo estas líneas.

Personalmente, pienso que se puede medir el valor o la grandeza de una persona por el número de vidas que ha conseguido tocar o mejorar. Como emprendedor en serie que soy, cada uno de mis proyectos, que son muchos, suele nacer como medio de cubrir una necesidad insatisfecha en las personas.

El problema es que, cuando se hace necesaria tu intervención directa para conseguir un cambio en la vida de estas personas, el potencial de cambiar el mundo disminuye radicalmente. ¿A cuántas puedes atender u ofrecer tus servicios en un año? ¿Diez? ¿Cincuenta? ¿Mil?

Incluso en el muy improbable caso de que pudieses tocar la vida de mil personas al año, este sigue siendo un número insignificante. Tu potencial está tremendamente limitado porque necesitas dedicar X minutos u horas a cada persona para conseguir un cambio significativo en ellas y claro, un día tiene veinticuatro horas y tú no puedes multiplicarte.

¿O sí?

Un libro te permitirá «multiplicarte» y así aumentar exponencialmente tu potencial para llegar y tocar la vida de millones de personas, en cualquier parte del mundo y con un producto asequible para todos los bolsillos.

¿Tienes un mensaje importante que compartir? ¿Algo que crees que todos deberíamos saber? O «simplemente», ¿sabes hacer las mejores tortillas de patata de todo el mundo o conoces un truco para viajar más barato?

Sin duda, hay decenas de formas de expandir tu mensaje y tu conocimiento más allá del uno a uno: conferencias, un blog, un canal de YouTube, etc.; todas ellas perfectamente válidas. Aun así, mi consejo es que empieces con un libro. A partir de aquí se te abrirán decenas de puertas y oportunidades para seguir amplificando tu mensaje, pero antes debes dar el primer paso.

¿Estás listo para empezar tu primer libro?

CAPÍTULO 2

Excusas y bloqueos al escribir un libro: cómo superarlos

(Paso 2)

¿Ya tienes tu porqué claro... y por escrito? ¡Enhorabuena! Acabas de completar el paso más importante en el camino de todo escritor de éxito.

Si has elegido *un porqué lo suficientemente importante*, nada podrá impedir que termines tu libro.

Pero digamos que simplemente has elegido *un buen porqué*. Los buenos porqué están muy bien y, por sí solos, ya te sitúan muy por delante de aquellas personas que únicamente empezaron a escribir porque un día se sintieron motivadas, pero no son infranqueables.

¿Qué diferencia hay entre *un buen porqué* y *un porqué lo suficientemente importante*? Vamos a verlo con un ejemplo:

- **Un buen porqué**: «me gustaría» escribir un libro para conseguir un mejor trabajo con el que me sienta más realizado.

- **Un porqué lo suficientemente importante**: «tengo que» escribir un libro si quiero garantizar el futuro de mis hijos[5].

¿Quiere decir esto que si solo tienes *un buen porqué* no terminarás tu libro? No, tan solo quiere decir que vas a tener que prepararte para **las temidas excusas y bloqueos del escritor**. Y créeme cuando te digo que llegarán.

Si tu porqué no es lo suficientemente importante, tus excusas lo serán.

¿Alguna vez te has apuntado al gimnasio completamente convencido de que, esta vez sí, conseguirías el cuerpo de tus sueños o perderías esos kilitos de más? ¿Qué pasó con tu motivación a las pocas semanas? Pues que tu energía *puntual*, o lo que es lo mismo, *tu buen porqué*, se topó con las *excusas imperecederas:* «creo que hoy no iré porque está lloviendo», «hoy he tenido un día de mier** y me merezco descansar», «hoy he tenido un día maravilloso y hay que celebrarlo», ...

---

[5] Este es un porqué real de un cliente y amigo que todos los meses mete una parte de los ingresos obtenidos con su libro en Indexa Capital (*soykevinalbert.com/indexa*). Hemos calculado que cuando su hijo tenga 22 años, en el fondo habrá entre 50.000€ y 120.000€.

Como entrenador personal, una de las partes más importantes de mi trabajo es preparar a mis clientes para estas excusas que acabarán llegando tarde o temprano, porque si esperamos a que aparezcan para tomar cartas en el asunto, ya será demasiado tarde.

Al igual que ocurre en el *fitness*, las excusas o bloqueos del escritor son siempre los mismos, pero no te preocupes, tengo buenas noticias: tienen fácil solución.

Las 5 excusas y bloqueos más frecuentes del escritor.

1. Un libro tiene que ser perfecto.

Sin ninguna duda, este es mi principal bloqueo. Desde siempre he sido muy perfeccionista y esta característica hace que todos mis proyectos se demoren mucho más de lo que deberían. Y por supuesto, no me iba a librar de este bloqueo a la hora de escribir mi primer libro.

Si normalmente soy perfeccionista, incluso con las pequeñas tareas que no tienen ningún tipo de impacto en mi vida, imagina el esfuerzo inhumano e innecesario que dediqué a *Branding Low Cost*. Claro, era mi primer libro y muy posiblemente el último (o eso pensaba yo), iba a ser mi legado y a demostrar lo bueno o mediocre que soy, la gente me iba valorar por él, una vez publicado ya no podría modificarlo, ...

Estas y muchas más ideas pasaban por mi cabeza y se repiten en la cabeza de muchos otros escritores nóveles. Pues déjame que te diga algo: lo primero es que la mayoría de esas ideas no son ciertas, y lo segundo y más importante es que el éxito de un libro de no ficción no radica en lo bien escrito que esté, sino en que cumpla lo prometido.

A diferencia de los libros de ficción, el lector no busca en ellos «solo» entretenerse o disfrutar del placer de la lectura. Cuando compramos un libro de no ficción buscamos aprender algo, queremos solucionar un problema concreto, adquirir una nueva habilidad, etc.

Por tanto, aunque tu libro no sea perfecto o incluso siendo un completo desastre en cuanto a ortografía, gramática y estructura (entre otras), **si al terminar de leer tu libro, una persona siente que ha encontrado en él lo que andaba buscando, tendrás un lector satisfecho**.

¿Quieres decir esto que tienes mi permiso para escribir un texto infumable? ¡Para nada! Tan solo quiero decir que centrarte en cumplir tu promesa te permitirá superar la *parálisis por análisis* o el *bloqueo por perfeccionismo*. Después, ya tendremos tiempo de preocuparnos por las formas.

¿Aún no lo ves claro? Aquí te dejo unos *tips* más que te ayudarán superar este bloqueo:

- Lo que para ti puede ser tan solo un borrador, para otra persona puede ser un libro terminado.
- Tu libro pasará por un meticuloso proceso de edición (o varios) antes de publicarse, así que *relax*.
- Cuando alguien lee tu libro en *Kindle*, tiene la opción de informarte de forma automática si encuentra algún error, así que de alguna manera es como tener a todo un equipo de editores trabajando para ti. No suena nada mal, ¿eh? Pero cuidado, no dependas de exclusivamente de ellos.
- **La impresión bajo demanda de Amazon te permite hacer correcciones y mejoras SIEMPRE**. ¿Has olvidado un acento? ¿Un lector te ha comunicado un error? ¿Quieres añadir información adicional? Ningún problema: modificas el archivo, lo vuelves a subir y listo. Esta es la magia de este tipo de impresión —entre muchas otras ventajas—.

Recuerda: lo perfecto es enemigo de lo bueno.

2. Tengo que ser un experto para escribir un libro.

Como ya hemos visto, NO necesitas ser un experto para escribir un libro, ni tener un doctorado o haber leído todos y cada uno de los libros, artículos y publicaciones sobre un determinado tema. Sin embargo...

Escribir un libro te convertirá en un experto.

No hay mejor manera de convertirse en un experto en algo que tener que enseñar ese *algo* a otra persona.

Tengo tantos ejemplos locos de personas cercanas que no se cuál elegir para no convertir este punto en un libro independiente. Yo mismo soy un ejemplo de ello pues, aunque empecé a escribir *Branding Low Cost* porque tenía mucha experiencia y cosas muy interesantes que decir sobre el tema, por aquel entonces yo no era más que un estudiante y a nadie se le habría ocurrido siquiera consultarme sobre el tema. Hoy, soy el mayor experto en *branding low cost* (o lo que es lo mismo, en creación de marca con bajo presupuesto) y recibo ofertas de empresarios y emprendedores de todo el mundo para ayudarles con sus marcas, pagándome muy bien por ello (hasta **cien veces más** que en mi último trabajo por cuenta ajena). Pero como digo, yo ya sabía mucho del tema. Yo ya era un experto. Mi libro, en gran medida, tan solo me dio alcance y visibilidad. Así que, para ayudarte a romper este bloqueo, voy a contarte uno de esos casos locos que he comentado, uno en el que fue el huevo antes que la gallina (¿o era al revés?). Es decir, el libro antes que el experto:

> Después de pasarme dos años trabajando como fisioterapeuta recorriendo el mundo a bordo del mayor crucero de la compañía *Royal Caribbean*, quise aprovechar los conocimientos en ventas aprendidos durante

todos aquellos meses[6]. Por eso, a mi regreso a España presenté una solicitud para trabajar como comercial, pues parecía que era el único trabajo en el que tendría la posibilidad de cobrar un sueldo, al menos, cercano al que cobraba en el barco.

Durante los dos años siguientes fui ascendiendo en una empresa del sector del tratamiento de aguas, vendiendo principalmente depuradoras (osmosis) domésticas. En este tipo de empresas, por lo general, los empleados trabajaban como autónomos y el sueldo provenía íntegramente de las comisiones de venta. De esta forma, cuantos más comerciales hubiese *pateando la calle*, mejor. Esto se traducía en más posibilidades de que saliesen ventas. Todos eran bienvenidos. Ya había que ser muy penoso para que la empresa, a la que no le suponías ningún gasto, te echase.

Pues bien, yo conocí a uno de esos penosos. El chico, que se había presentado como un crack de las ventas, no era capaz de vender absolutamente nada, pero como estaba cobrando el paro, el tío allí aguantaba como un campeón. Finalmente, la empresa tuvo que despedirlo, más que nada porque desmotivaba a los nuevos comerciales que llegaban. Imagínate el panorama.

---

[6] Aparte de tener la carrera de Fisioterapia, para trabajar en muchas compañías de cruceros te obligan a pasar varios meses en las instalaciones de la compañía *Steiner* en Reino Unido, donde piensas que van a enseñarte nuevas técnicas de tratamiento cuando lo que en realidad te enseñan es *cómo venderle un peine a un calvo.*

Seguramente, más bien por una cuestión de suerte que de estrategia, este chico decidió aprovechar sus últimos meses de paro para subsistir mientras escribía un libro. ¿Y sobre qué escribió? ¡Sobre ventas! ¡Ole tú! ¿Qué cómo sé yo eso? Porque un compañero que siguió trabajando para la empresa me llamó al cabo de unos años para contarme lo siguiente:

La empresa había preparado un viaje de formación para todos los jefes de equipo a Madrid. Allí, durante dos días iban a asistir a una serie de conferencias sobre técnicas de venta impartidas por los mayores expertos en la materia de toda España.

¿Adivinas quién era uno de los ponentes?

Efectivamente, ¡el penoso! Que además tenía la jeta de contar que lo habían echado de su trabajo por no vender y que, tras escribir su libro, ahora se dedicaba a dar conferencias y a asesorar a los equipos comerciales de grandes empresas.

Mi amigo me contaba: «Tío, después de la conferencia me acerqué a hablar con él y el cabrón había cobrado por esa charla de 45 minutos más de lo que cobro yo en un buen mes de ventas. ¡Y dice que suele impartir de 2 a 5 conferencias por mes!».

Como te decía, una auténtica locura. Esto sería un claro ejemplo de lo que yo conozco como un vendehúmos y de lo que hablo largo y tendido en *Branding Low Cost*.

Con este ejemplo, ni mucho menos, te estoy animando a convertirte en un vendehúmos más utilizando un libro como punto de partida. Tan solo quiero quitarte ese miedo irracional que puede llegar a paralizarte a la hora de empezar a escribir por no considerarte el mayor experto en la materia.

3. Yo no soy escritor (o no me gusta o no sé escribir).

Si cuando iba al colegio alguien me hubiese contado que algún día escribiría un libro, que me convertiría en autor de un bestseller internacional o que acabaría ayudando a personas de todo el mundo a escribir sus propios manuscritos «y a vivir de ellos», habría pensado que se le había ido la cabeza.

Como ya te he contado, mi capacidad de expresión escrita nunca fue mi fuerte, a lo que se sumaban mis innumerables faltas de ortografía y mi letra de médico. Por suerte para mí (y para ti), hoy en día, para poder vivir de tus libros NO necesitas ser un gran escritor. **Tan solo necesitas tener un mensaje que compartir**; un conocimiento o experiencia que pueda ayudar otras personas.

Si, como a mí, no te gusta o no se te da bien escribir, deja la parte técnica a tu editor (lo veremos más adelante). **Tú céntrate**

en escribir un borrador de aquello que quieres contar. También puedes grabarte en audio si lo prefieres y luego ya encargarás a otra persona que haga la transcripción o podrás usar algún programa informático gratuito para ello.

Incluso podemos ir un poco más lejos. No es ningún secreto que muchos escritores, tras haber alcanzado la fama con uno de sus libros, se han servido de los servicios de un *negro* o *ghostwriter* (escritor fantasma) para poder *echarse a dormir* o *vivir del cuento.* Si no estás familiarizado con esta terminología, un *negro* no es ni más ni menos que un escritor profesional a quien se contrata para escribir por cuenta de otra persona o bajo su nombre.

Esto, que hasta hace bien poco era un servicio elitista y de difícil acceso, hoy en día podemos encontrarlo con una sencilla búsqueda en Google. Y no solo *ghostwriters* que trabajan por su cuenta, sino auténticas plataformas de escritores profesionales dispuestos a escribir nuestros libros por unos pocos céntimos por palabra. ¿De verdad pensabas que ese político o famosillo de turno había sido capaz de escribir un libro de seiscientas páginas?

Cada vez que se te pase por la cabeza que tú no eres capaz de escribir un libro, **acuérdate de que Belén Esteban[7] escribió uno de los libros más vendidos en España** sin saber decir ni «almóndiga».

---

[7] Por si no eres de España y para resumir, Belén Esteban es una muchacha que lleva años saliendo en televisión (y cobrando muy bien por ello) por haber tenido un "romance" con un famoso torero allá por el 95.

4. El mito del libro impreso.

Cuando empiezas a plantearte seriamente el escribir un libro, uno de los primeros miedos que te asaltan es «un libro debe tener al menos X páginas», «yo no tengo tanto que decir», «necesito recopilar más material para escribir un libro *decente*», ...

Yo mismo estuve en esa situación. Cuando empecé a escribir mi primer libro, estaba convencido de que no tenía tanto que contar y que no llegaría a escribir más de unas pocas páginas. Y esto no hizo más que empeorar cuando me enteré de que Amazon, la plataforma que había elegido para autopublicarlo, requería de al menos cien páginas para poder incluir un lomo. ¿Cómo iba a publicar un libro sin lomo? ¡Eso parecería más un folleto publicitario!

Déjame que te cuente algo que acabará con este bloqueo rápidamente.

Primero:

Aunque pueda parecerte que no tienes tanto que contar, ya verás que, cuando te pongas a escribir, acabará siendo mayor problema el no saber cuándo parar o qué excluir de tu libro para no ser excesivamente pesado y acabar aburriendo al lector que la falta de contenido.

Si por cualquier motivo esto no fuese así y te parece que tu libro ha quedado muy finito (aunque lo dudo), tienes varios trucos a tu disposición:

- Hacer la letra un poco más grande.
- Elegir una fuente que ocupe algo más de espacio.
- Aumentar el espaciado entre letras y/o párrafos.
- Seleccionar un formato de libro más pequeño —Amazon (KPD) te ofrece una gran variedad de tamaños—.
- Incluir fotos, dibujos y esquemas, eso sí, procurando que añadan valor y estén bien integrados.

Ya verás qué sencillo es llegar a las cien páginas y poder incluir un señor lomo en tu libro combinando estos sencillos consejos, aunque como te digo, seguramente no te sea necesario. Yo mismo, que soy más bien escueto explicándome, había calculado llevar unas diez páginas en este punto del libro y, antes de hacer limpieza, llevo más de cincuenta. Fíate de mí cuando te digo que extenderte de más será mayor problema que quedarte corto.

Y segundo:

No solo a los escritores nos es difícil encontrar tiempo para ponernos a escribir, sino que a los lectores también les cuesta cada vez más encontrar tiempo para sentarse a leer. Es por ello que los libros cortos disfrutan cada vez de más éxito. Tanto es así que Amazon ha creado una categoría especial para ellos, la de los *short reads*, que agrupa aquellos títulos que tardan entre once minutos y dos horas en leerse.

Por último, te comparto algunos datos interesantes que te ayudarán a superar el miedo de escribir un libro «demasiado» corto:

- En los libros de no ficción, las personas prefieren lecturas cortas de entre diez mil y veinte mil palabras en total.
- El porcentaje de libros cortos que los lectores terminan de leer es mucho mayor que el porcentaje de libros más extensos. Las personas quieren libros enfocados en un problema específico, no grandes compendios que abarquen todos y cada uno de los aspectos sobre un determinado tema.
- Es más fácil promocionar varios libros pequeños que uno solo y extenso.
- Tener varios libros en una categoría (de Amazon) y no solo un GRAN libro, te ayuda a dominar esa categoría.

5. No tengo tiempo.

Para terminar, he dejado una de las excusas que oigo más a menudo: «es que yo no tengo tiempo» o «escribir un libro es mucho trabajo».

En primer lugar, con el sistema adecuado, escribir un libro no requiere de mucho trabajo, así que no importa que no tengas tiempo.

Yo mismo **he escrito y publicado este libro, más otros cuatro libros, en menos de tres meses** y al mismo tiempo que lanzaba mi primera campaña de *crowdfunding*, gestionaba la fabricación de XQUAT® (el primer gimnasio portátil profesional del mundo), asesoraba a dos grandes empresas con sus embudos de venta, a tres clientes con el lanzamiento de sus libros, me iniciaba en inversión en bolsa a largo plazo y terminaba mi certificación en *Coaching Behaviour Change*. ¡Ah! Y por supuesto, en lo personal, he tenido tiempo para Netflix, entrenar «mi horita semanal», meditar un mínimo de tres veces por semana, leer, irme de cañas y tapas, etc.

En este libro voy a enseñarte cómo puedes terminar tu libro en tan solo 30 días dedicando aproximadamente una hora por día aunque, como yo, tengas una agenda muy apretada.

Como ves, para escribir un libro no necesitas ser un Premio Nobel de Literatura ni tener todo el tiempo libre del mundo. Tan solo necesitas reservar una hora al día para hacer «tus deberes». O lo que es lo mismo: **para escribir un libro únicamente necesitas un poquito de disciplina**.

En cualquier caso, si quieres escribir tu libro, pero sabes que la constancia no es lo tuyo, estaré encantado de ayudarte personalmente y «cobrarte muy bien por ello». No te imaginas la cantidad de gente a la que he puesto *en forma* como entrenador personal y a la que he ayudado a terminar sus libros simplemente por «estar ahí» para recordarles que toca escribir o salir a andar/entrenar. Una «alarma» cara pero muy efectiva. Si es tu caso, ¡*call me!* ;)

CAPÍTULO 3

Qué escribir: cómo dar con la idea perfecta para tu libro

(Paso 3)

Una de las cosas que más suelo escuchar tanto por parte de amigos y conocidos como también por parte de mis clientes es: «me encantaría escribir un libro, pero no sé muy bien sobre qué».

Tanto si te encuentras en esta situación como si, por el contrario, tienes decenas de ideas y tu problema es que no sabes por cuál empezar, este capítulo te será tremendamente útil. Incluso si tienes las cosas muy claras con un único libro en mente (lo cual es bueno), realizar el ejercicio que te voy a proponer a continuación tal vez pueda ayudarte a encontrar un mejor enfoque desde el que empezar a escribir.

4 estrategias para dar con la idea perfecta para tu libro.

1. Por qué cosas suelen preguntarte a menudo.

(Conocimientos)

Obviamente, si eres abogado, médico, fisioterapeuta... tu entorno te va a bombardear con preguntas relacionadas con tu profesión, pero no hace falta tener una carrera universitaria. Estoy seguro de que, a mi vecino, que empezó el gimnasio hace menos de seis meses y desde entonces se ha metido más química en el cuerpo que un caballo de carreras, le preguntan mucho más que a mí —que tengo formación universitaria tanto en salud como en deporte y llevo entrenando desde hace más de veinte años— cómo consigue tener los bíceps más grandes que la cabeza o cuál es el mejor ejercicio para tener abdominales.

No me cabe duda de que tú también eres «experto» en algo. Recuerda que con saber un poquito más que la otra persona sobre un determinado tema, para esa persona ya eres un experto.

Piensa: ¿sobre qué cosas te suelen preguntar? ¿Haces una paella buenísima y todo el mundo quiere saber tu receta? ¿Has montado un blog o una página web? ¿Adelgazaste quince kilos con la dieta del cucurucho? ¿Sabes cómo hacer que Amazon te regale cosas (mi primo es un crack en eso)?

No importa lo simple que parezca o que se pueda encontrar información sobre el tema buscando en internet. Si puedes ahorrar tiempo plasmando tu conocimiento de forma coherente y ordenada, habrá muchas personas dispuestas a pagar por ello.

2. Obstáculos/desafíos por los que has pasado.

(Experiencias)

Este tipo de conocimiento o experiencia es muy apreciado. Nada vende mejor que aquellas historias del tipo «cómo toqué fondo y logré salir del agujero». Es un tipo de recurso utilizado en *copywriting* o escritura persuasiva, conocido como «el viaje del héroe», que da una gran autoridad y credibilidad y que puede transformar un libro cualquiera en todo un *bestseller*.

Pregúntate a ti mismo por qué situaciones difíciles has pasado a lo largo de tu vida: ¿saliste de una situación de violencia de género? ¿Superaste una adicción al alcohol u otras drogas? ¿Has pasado por un cáncer? Puede que solo con leer las preguntas ya se te hayan puesto los pelos de punta (especialmente si es un tema que te toca de cerca). Imagina el poder que puede llegar a tener este tipo de libros.

Pero no hace falta que nos pongamos tan dramáticos. Fíjate, este libro terminé de escribirlo durante el estado de alarma por el coronavirus de 2020 en el que tuvimos que recluirnos por más de treinta días en nuestras casas. Si tu también pasaste por este periodo de confinamiento, seguro que ya tienes un desafío sobre el que escribir:

¿Cómo superé un estado de reclusión...

- ...y aproveché para escribir un libro?
- ...y no me volví majara?
- ...y me puse en forma?
- ...sin divorciarme de mi pareja?
- Etc.

3. Qué cosas te gustan.

(Intereses)

¿Quieres saber la forma más fácil de encontrar un buen tema para tu libro? Echa un vistazo a:

- Los libros de tu estantería.
- Las revistas que lees.
- Las páginas webs que visitas.
- Los programas que ves.
- Etc.

Seguramente ya dedicas una buena cantidad de tiempo a leer, ver y consumir todo tipo de material relacionado con eso que tanto te gusta y que sería un muy buen tema para tu libro.

¿Te encanta correr y tienes todos los números de la revista *Runner's World*? Podrías escribir un libro recopilando los mejores consejos y trucos de alimentación para aquellas personas que quieran empezar a correr.

¿Eres como mi madre y ves todos los *realities* sobre reformas, decoración y alquiler o venta de casas? (Cuando digo que los ve todos, son TODOS). ¿Además tienes todas las revistas de *El Mueble, Nuevo Estilo, MiCasa, Interiores...?* (Sí, también las tiene). Puedes escribir un libro sobre cómo decorar tu casa con poco dinero para aumentar el valor de alquiler o venta.

Lo mejor de esta estrategia es que disfrutarás haciendo la investigación para tu libro, pues estarás aprendiendo más de aquello que te apasiona.

4. Qué cosas interesan a otras personas.

(Beneficios)

Si no hay nada sobre lo que te suelan preguntar, no has superado ningún obstáculo en tu vida que merezca la pena contar ni tienes interés por ningún tema en particular (cosa que me extrañaría mucho), no tienes por qué preocuparte. Puedes escribir sobre los intereses de otras personas.

Esto tiene una gran ventaja a la hora de vender tu libro (no tanto a la hora de escribirlo), pues escribes sobre un tema previamente validado por el que hay un buen número de personas que están dispuestas a pagar.

¿Y cómo sabes cuáles son estos temas?

a) Categorías y subcategorías de Amazon.

Ve al departamento de libros de Amazon y empieza a navegar por el menú que aparece a la izquierda. Allí descubrirás subcategorías que nunca hubieses imaginado que existían. Si hay una cantidad considerable de libros sobre un determinado tema en el catálogo de Amazon, puedes apostar a que existe audiencia para este, por extraño que a veces pueda parecer.

b) Revistas publicadas.

El negocio editorial de publicación de revistas vive de la publicidad que pagan las empresas por salir en sus páginas. La forma de convencer a estas empresas para que contraten sus servicios es demostrarles que existe un amplio segmento de la población interesada en su temática, por lo tanto, ir al kiosco y echar un vistazo a su selección de revistas es una buena forma de dar con ideas sobre las que escribir un libro con clientes potenciales garantizados.

c) Cursos *online* en Udemy, Domestika, etc.

Cada vez son más las personas que, cuando deciden aprender algo nuevo, se decantan por un curso *online*, especialmente desde que plataformas como Udemy ofrecen muy buenos cursos por menos de lo que cuesta un libro. Esto hace que la variedad y calidad de estos cursos sea cada vez mayor y que estas plataformas sean un lugar increíble para dar con nuevas ideas para tu obra.

Brainstorming.

Ahora que ya conoces cuatro estrategias diferentes para dar con una buena idea para tu libro, es hora de ponernos manos a la obra. Para ello, tan solo vas a necesitar reservar entre quince y treinta minutos en tu agenda, lápiz y papel.

Durante esos minutos que has reservado, vas a escribir tantas ideas como puedas sobre cada una de las cuatro estrategias que acabamos de ver. Seguro que habrá unas estrategias donde surgirán más ideas y otras donde menos, pero intenta apuntar al menos cinco ideas para cada una.

Es importante que para esta parte uses lápiz y papel y dejes apartado el ordenador o móvil por el momento (y esto te lo dice un *techie* compulsivo). Durante el proceso de escritura a mano usamos una parte diferente del cerebro y esto nos ayudará a dar incluso con más ideas.

Cómo elegir qué libro escribir primero.

Mientras que para algunas personas será difícil dar con una buena idea que convertir en un libro, para otras será justo lo contrario. Puede parecer que este es un buen problema al que enfrentarse, pero lo cierto es que puede llegar a crear lo que se conoce como «parálisis por análisis».

Si este es tu caso, hazte las siguientes preguntas:

- ¿Sobre qué idea te gustaría más escribir?

- ¿Qué libro piensas que se vendería mejor?

- ¿Qué libro podrías terminar antes?

Estas son las tres preguntas que me planteo yo tanto a la hora de escribir un libro como de crear un nuevo proyecto (en este caso suelo añadir «cuál requiere de una menor inversión»).

Según el momento y la situación en la que te encuentres, unas preguntas tendrán un mayor valor que otras. Si, por ejemplo, acabas de quedarte sin trabajo y necesitas conseguir unos ingresos suficientes como para cubrir tus necesidades, obviamente deberías fijarte en qué libro tiene el mayor potencial de generar ventas.

También puede que tengas todas tus necesidades cubiertas y lo que busques sea sentirte autorrealizado compartiendo con el mundo aquello que tanto te apasiona. O puede que te hayas tomado unas minivacaciones y la prioridad sea el tiempo, pues te has decidido a terminarlo antes de volver a tu rutina.

Puesto que cada pregunta tendrás un cierto peso, te será útil usar un cuadro de puntuación:

	Libro 1	Libro 2	Libro 3	...
¿Sobre qué idea te gustaría más escribir?				
¿Qué libro piensas que se vendería mejor?				
¿Qué libro podrías terminar en menos tiempo?				

Asigna una puntuación del 1 al 3 a cada pregunta y a cada libro. Una vez hayas terminado, suma las puntuaciones y obtendrás una buena perspectiva de cuál es el libro por el que tendrías que empezar.

Si en este momento de tu vida alguna de las preguntas tiene un mayor peso que las otras, como he comentado en los ejemplos, dale una puntuación doble, es decir, 2, 4 y 6 en lugar de 1, 2 y 3.

Si después de hacer ete ejercicio sigues sin saber qué libro escribir, calma. Tómate unos días y vuelve a empezar. Piensa que muchos escritores noveles tienen que rehacer el ejercicio varias veces hasta que esa idea que llevan dentro por fin sale a la luz.

Y por último... No te estreses.

Incluso si dedicas uno o dos meses a escribir un libro que no acaba convirtiéndose en un *bestseller* del *New York Times*, todavía:

- Tendrás un activo capaz de generarte una vía de ingresos pasivos recurrentes.
- Habrás aprendido mucho sobre el proceso de escribir un libro.
- Tendrás mucha más confianza a la hora de empezar un nuevo libro.

Así que, una vez que hayas hecho el ejercicio al menos un par de veces, elige el libro que sientas que es el correcto «ahora». Siempre puedes repetir el proceso, con todo lo aprendido, más adelante.

CAPÍTULO 4

El título: el secreto del éxito nº1

(Paso 4)

Puede que pienses que escribir un gran libro —un libro que la gente ame— es garantía de éxito. Siento decirte que esto no siempre es así, especialmente si no eres un autor/a conocido.

¿Sabías que Joanne Rowling, la autora de Harry Potter, fue rechazada por doce editoriales antes de conseguir que publicasen su primera novela que acabó convirtiéndola en la primera escritora de la historia en alcanzar los mil millones de dólares en ganancias? ¿Sabes cuánto ganó Joanne desde que escribió su novela hasta que llegó a manos de sus lectores (cinco años después)? Pues, exactamente... ¡cero euros!

Como ves, tener un libro que la gente ame y tener un libro que la gente compre, NO es lo mismo. Para ganar dinero con tu libro, este, sea bueno o no tan bueno, primero tiene que llegar a los lectores.

Hasta ahora, que tu libro llegase a tus lectores potenciales dependía de que *el tonto de la editorial* considerase que tu libro era digno de ser publicado, y te aseguro que hay tantos tontos dirigiendo editoriales —piensa, por ejemplo, en los doce tontos que rechazaron Harry Potter— como dirigiendo bancos —cazurros que ridiculizaron a Steve Jobs o a Jeff Bezos, de Amazon, en más de cuarenta ocasiones—.

Por suerte para ti, hoy en día, para llegar a tus lectores no hace falta que una editorial decida que tu libro es digno de ser publicado por ellos, *tan solo necesitas subir tu libro a Amazon... ¡y que este lo muestre!*

Esto, a diferencia de lo que ocurre con una editorial tradicional, no requiere de lamer ningún culo, de caerle bien a nadie ni de que tengas «la suerte» de que tu libro le guste a una única persona —que puede estar amargada porque no consiguió triunfar con su propio libro o simplemente puede tener un mal día—.

Para que Amazon promocione (muestre) tu obra, tan solo hay que hacer las cosas bien. Y esto comienza por **el título de tu libro**. Da igual lo bien escrito que esté tu libro, las vidas que sea capaz de cambiar, que vaya a revolucionar el mundo, ... Si Amazon no se lo muestra a tus lectores potenciales, ahí se acaba la historia. Punto. Finito.

5 claves para conquistar a Amazon (y a tus lectores) con el título de tu libro.

1. Espía a tu competencia.

Qué mejor sitio por el que empezar que revisando los títulos de tu competencia. Por propia experiencia puedo asegurarte que la mayoría de los títulos que vas a encontrar pueden clasificarse en una de estas tres categorías:

1. **Orientados 100% al SEO**[8]. Que los motores de búsqueda nos traten bien y nos coloquen en las primeras posiciones es un aspecto clave, pero sin olvidar que estamos escribiendo para personas y no solo para algoritmos matemáticos.

2. **Excesivamente creativos**. Llamar la atención es importante, pero igual o más importante es que cuando leemos el título de un libro... ¡sepamos de qué demonios trata!

3. **Aburridos**. Muchos autores escriben el título de sus libros procurando no destacar ni diferenciarse demasiado con el objetivo de abarcar al mayor número de personas, sin caer en la cuenta de que **cuando escribes para todo el mundo, no escribes para nadie**.

---

[8] Search Engine Optimization (optimización para motores de búsqueda): proceso de mejorar la visibilidad de un sitio web en los resultados orgánicos de los diferentes buscadores de internet.

El objetivo de espiar a tu competencia es hacerte una idea del tono general que se respira en los libros de tu sector y **evitar cometer sus mismos errores**. Por supuesto, autores conocidos pueden permitirse escribir tanto títulos enormemente aburridos como excesivamente creativos y seguir vendiendo cientos de miles de ejemplares. Pero tanto para ti como para mí, toca hacer bien los deberes.

2. SEO mínimo viable.

No hay forma más rápida y efectiva de asegurarnos de que nuestro libro será mostrado a nuestros clientes potenciales que utilizando palabras clave, o *técnicas SEO,* en el título. ¿Por qué es tan sumamente importante el uso de palabras clave?

- Las palabras clave determinan el posicionamiento de tu libro en Amazon.
- Las palabras clave determinan el posicionamiento de tu libro en Google.
- Las palabras clave determinan en cuántas páginas de Amazon aparecerá tu libro, por ejemplo: «los clientes también compraron».

De todas las palabras clave de tu libro, las más importantes son las del título. No te preocupes, para emplear una buena estrategia SEO en él tan solo tienes que seguir estos sencillos pasos:

- Escribe en Google «*Google Keyword Planner*» y elige el primer resultado que aparece.
- Pincha en el botón «Planificador de palabras clave».
- Si no tienes una cuenta, tendrás que crearla en «Nueva Cuenta *Google Ads*» (tranquilo, es gratis).
- Pincha en «Descubre nuevas palabras clave», escribe todas las palabras y frases que te vengan a la cabeza relacionadas con la temática de tu libro y pincha en «Obtener resultados».
- Haz clic en «Promedio de búsquedas mensuales». De esta forma, todos los resultados se organizarán por volumen de búsquedas.
- Elige entre diez y quince resultados, con al menos mil búsquedas al mes, que pudieran servir como base para el título de tu libro. Quédate con aquellas que tengan competitividad *baja* o, en el peor de los casos, *media*.

Ahora que ya tienes tu lista de palabras clave, puedes pasar al siguiente punto.

3. Toca los puntos de dolor.

Las personas sacamos nuestras carteras sin pensarlo para aliviar un «dolor» presente (perder esos kilos de más, superar una ruptura...). Sin embargo, nos lo pensamos mucho más a la hora de prevenir un dolor futuro. Dicho de otra manera: *es más fácil vender ibuprofeno que vitaminas.*

El título debería centrarse en los mayores puntos de dolor que tu libro puede solucionar a los lectores: qué puede hacer este por los lectores y por qué esto debería interesarles. Primero, averigua cuál es el mayor punto de dolor de tu público objetivo y después, en el título, muestra la solución a ese dolor.

4. Muestra tu personalidad.

Si has leído mi libro *Branding Low Cost* sabrás que hago mucho hincapié en el concepto de «diferenciación de marca». Este término viene a decir que es más importante (y rentable) ser **diferente** que ser **mejor**.

No debes tener miedo de mostrar tu personalidad: es un arma tremendamente poderosa que te permitirá diferenciarte y destacar por encima de tu competencia. Para verlo más claro, te voy a poner un ejemplo:

a) Título 100% SEO: Cómo escribir un libro: escribir y publicar un libro en Amazon.

b) SEO + Personalidad: Cómo escribir y publicar tu libro en Amazon si odias escribir.

Este segundo título puede parecerte algo arriesgado. Muchas personas podrían pensar que, si odias escribir, es que no eres un escritor de verdad; o que, si no te gusta escribir, deberías dedicarte a otra cosa. Puede que estés pensando que así vas a «perder» a una gran parte de clientes potenciales. Pero permíteme que te lo repita una vez más (como tuvieron que repetírmelo a mí hasta que al fin lo entendí):

Cuando escribes para todo el mundo, no escribes para nadie.

5. Añade un límite temporal.

Ya tienes un título que reúne los ingredientes necesarios tanto para conquistar a Amazon, gracias al SEO mínimo viable que has aplicado, como a tus lectores, tocando sus puntos de dolor y diferenciándote de tu competencia con un toque de personalidad.

Tu cliente potencial ya tiene claro el resultado que puede esperar de tu libro y solo nos queda por decirle cuándo obtendrá dicho resultado. Vivimos en la sociedad del aquí y ahora por lo que tu posible cliente, inevitablemente, va a preguntarse cuándo llegarán los beneficios prometidos. ¿Por qué no anticiparnos y responder a su pregunta?

Puedes utilizar cientos de expresiones: «en menos de una hora», «en 30 días», ... Únicamente debes llevar cuidado de no crear expectativas poco realistas.

Ahora que ya lo tenemos todo, podemos juntarlo y aplicar la siguiente **Fórmula para un Título Perfecto**:

FTP = palabras clave (SEO) + solución (punto de dolor) + personalidad + límite temporal.

Ten en cuenta que no siempre podremos, querremos o será recomendable utilizar todos y cada uno de los elementos. Por eso, te aconsejo que crees, al menos, dos combinaciones y que hagas una pequeña encuesta entre tus amigos y familiares para ayudarte a tomar perspectiva y dar así con la opción con mayor potencial de éxito.

A estas alturas ya tienes un buen motivo que te empuje y te ayude a superar los bloqueos del escritor que puedan surgir por el camino, has dado con la idea perfecta para tu (primer) libro y has elaborado un supertítulo que te inspire y te ayude a mantenerte enfocado. **Es hora de empezar a escribir**.

CAPÍTULO 5

Cómo escribir tu libro

(Paso 5)

Como ya te he confesado, desde siempre he considerado escribir como uno de mis mayores puntos débiles. Que mi primer libro, de poco más de treinta mil palabras, me llevase cuatro años terminarlo, es buena prueba de ello. Nunca hubiese podido imaginar que algún día me dedicaría a escribir libros de forma profesional y, mucho menos, a ayudar a otras personas a escribir los suyos.

Por suerte, el día que decidí que quería convertir el escribir en un modo de vida (y no en una tortura de cuatro años por libro), contaba con un arma muy poderosa, una cualidad que considero mi mayor superpoder: LA PEREZA.

Soy una persona muy **perseverante** (o cabezona, como ya sabes) y si me propongo algo, busco el modo de conseguirlo. Pero también soy **tremendamente perezoso**. La mezcla de estas dos cualidades tan opuestas da como resultado algo maravilloso, y es que siempre acabo encontrando el camino más fácil para conseguir aquello que quiero.

Esta forma de hacer las cosas de modo eficiente resulta que se conoce como **Principio de Pareto** o **Regla del 20/80** (u 80/20), que establece que, de forma general y para un amplio número de fenómenos, aproximadamente **el 80% de las consecuencias proviene del 20% de las causas**.

- El 80% de la riqueza la acumula el 20% de la población.
- El 80% de los recursos de un hospital son utilizados por el 20% de los pacientes.
- El 80% de los ingresos de una empresa proviene del 20% de los clientes.
- El 20% de la moqueta de tu casa/oficina recibe el 80% de las pisadas.
- Etc.

Aplicar este principio en el ámbito académico me permitió ser siempre el primero de la clase a pesar de ser de los que menos tiempo dedicaba a estudiar, o en el ámbito deportivo, tener el mejor físico de entre todos los «fuertacos» del gimnasio entrenando una séptima parte que los demás.

Con esto quiero decir que no por dedicar menos tiempo a una tarea, encontrando la forma más eficiente de realizarla, los resultados vayan a ser peores, sino todo lo contrario. Centrarte en los aspectos más importantes en lugar de intentar abarcarlos todos, hará que consigas **mejores resultados con menos esfuerzo**. Y eso mismo vamos a aplicar a la tarea de escribir tu libro.

Para ello he desarrollado un sistema que se compone de **3 sencillas fases**: crear un **mapa mental**, hacer una pequeña **investigación** y plasmarlo todo en un **esquema**.

1. La magia de los mapas mentales.

En esta primera fase vamos a emplear una herramienta muy utilizada para extraer información: los mapas mentales.

Al completar este ejercicio, te darás cuenta de que tienes mucho más sobre lo que escribir de lo que hubieses podido imaginar. Si te lo tomas en serio y le dedicas el tiempo necesario, tu libro prácticamente va a escribirse solo.

Al igual que hicimos con el título de tu libro, a la hora de crear tu mapa mental el uso de papel y boli ayudará a estimular tu creatividad y darás con más ideas que si optas por la versión digital.

Lo primero que tienes que hacer es escribir el título de tu libro (la idea principal) en el centro de tu hoja de papel y rodearlo con un círculo. Ahora toca exprimir tu memoria y tu creatividad: empieza a anotar alrededor del título todas las ideas que te vengan a la cabeza relacionadas con la temática de tu libro y conéctalas mediante líneas al círculo/idea central. Piensa en los diferentes temas de los que podrías hablar en tu libro: ejemplos, experiencias personales, otros libros relacionados, artículos que hayas leído o guardado, películas, ...

Conforme vayas apuntando estas ideas o temas principales, se te irán ocurriendo nuevos subtemas relacionados con los primeros. Dibuja un nuevo círculo sobre los temas principales y anota los subtemas alrededor de estos tal y como hiciste con el título del libro, y así sucesivamente. Puedes usar colores, dibujos, recortes, etc.

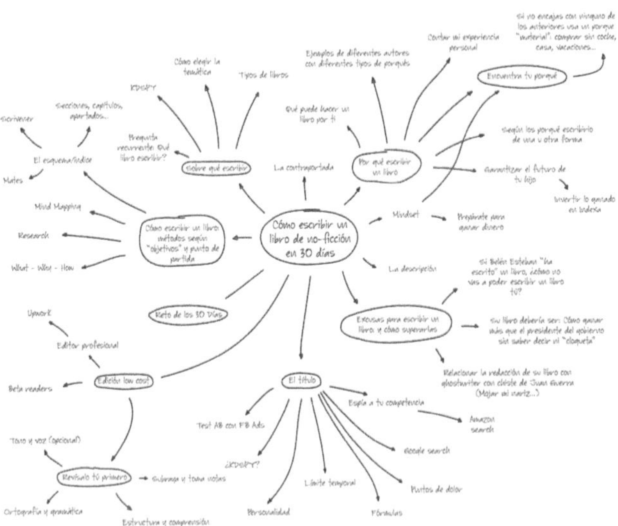

Tu mapa mental debería empezar a tener este aspecto.

Continúa trazando círculos y líneas con nuevas ideas durante tanto tiempo como puedas, con un mínimo de quince minutos. Utiliza un crono si es necesario.

Si te falta papel para seguir anotando, no dudes en pegar más hojas a continuación y sigue expandiendo tu mapa mental tanto como puedas. He visto mapas mentales que ocupaban más que una cama de matrimonio, así que no te cortes.

Dos normas que debes tener en cuenta mientras realizas este ejercicio:

1. **Prohibido filtros.**

No limites tu imaginación, cualquier idea que te venga a la cabeza vale. En este punto, nada está de más ni nada es demasiado loco.

2. **Prohibido perfeccionismos.**

Si tu mapa mental no es cutre... ¡no lo has hecho bien! Tu mapa mental NO está pensado para ser enmarcado, sino para sacar tantas ideas de tu cabeza como sea posible. Si intentas hacerlo medianamente bonito o estructurado, estarás limitando tu creatividad. Ya tendremos tiempo de darle forma en el tercer paso.

2. El poder de la investigación.

Ahora que ya hemos estrujado el hemisferio derecho de nuestro cerebro, y solo entonces, podemos empezar a hacer uso de la parte más analítica, el hemisferio izquierdo, del mismo. Es el momento de activar nuestros superpoderes investigadores.

A la hora de realizar el trabajo IMPRESCINDIBLE de investigación, me he encontrado con dos tipos de autores:

a) **Aquellos que aman investigar** (o son hiperperfeccionistas, como yo). Pueden pasarse meses o incluso años (doy fe) buscando cualquier resquicio de información acerca del tema que quieren abordar. Muy frecuentemente su libro nunca llegará a ver la luz.

b) **Aquellos que se saltan la investigación**. Encuentran el proceso de investigación tremendamente aburrido, así que dejan que sea su intuición la que dicte el camino.

Encontrar el equilibrio entre el exceso y el defecto de investigación es uno de los desafíos por los que pasarás durante el apasionante viaje de escribir tu libro.

Para terminar de completar tu mapa mental con aquellas ideas o puntos importantes que pudieses haberte dejado por olvido o desconocimiento, y además, **no caer en la parálisis por análisis durante el proceso de investigación**, vamos a hacer uso del Principio de Pareto o Regla del 80/20 que hemos visto al comienzo de este capítulo. Lo más difícil a la hora de aplicar este principio es descubrir cuál es el 20% de las tareas con el potencial obtener el 80% de los resultados.

Te presento a la «Santa Trinidad de la investigación para autores de no ficción»:

- El índice de contenidos de Kindle.
- Las reseñas de Amazon.
- Los tres mejores libros de tu sector (opcional).

a) El índice de contenidos de Kindle.

Entra en Amazon, busca los diez libros más vendidos sobre el tema o categoría de tu libro y haz clic en «Echa un vistazo».

Una vez dentro, lo único que tienes que hacer es desplazarte hasta el índice o tablas de contenidos. Dentro de la *Santa Trinidad* de la investigación para autores de no ficción, este es, sin duda, el Santo Grial.

Localización del botón «Echa un vistazo».

Además de anotar en tu mapa mental las nuevas ideas que encuentres investigando en el índice de contenidos de estos diez *bestsellers*, este punto te permitirá ver:

- El número de secciones, capítulos y subcapítulos que suelen ser necesarios para tratar el tema de tu libro.
- Qué capítulos/ideas se repiten en todos los libros.
- Qué capítulos o ideas NO suelen incluirse en todos los libros. Tal vez tu libro tampoco los necesite (lo averiguaremos en el siguiente punto: las reseñas de Amazon).
- Cuántas páginas (o palabras) suelen dedicarse a cada tema.

Nota: que tengas que anotar en tu mapa mental las nuevas ideas que encuentres en estas tablas de contenido no significa que tengas que escribir sobre ellas. Eso lo decidiremos después y dependerá de nuestra estrategia.

b) Las reseñas de Amazon.

Este método de investigación te permitirá pasar de un libro «completo» a un libro que la gente ame y, además, al contrario de lo que sucede con las tablas de contenido, este método no lo usa prácticamente nadie.

Si hacemos bien nuestros deberes, desechando las reseñas aburridas o genéricas (del tipo «me encanta este libro», «odio este libro», «el libro no llegó a tiempo», ...) y nos centramos en aquellas más específicas y detalladas, podremos descubrir:

- **Qué puntos echan de menos los lectores**. Si encuentras que son varios los lectores que echan en falta un tipo de información en todos o la mayoría de libros que tocan la temática sobre la que vas a escribir, habrás dado con una mina de oro: aprovéchala para diferenciarte y sobresalir entre el resto.
- **Qué puntos podemos ahorrarnos**. Tal vez podamos saltarnos aspectos demasiado básicos o debamos excluir otros excesivamente técnicos que solo consiguen molestar a nuestros lectores. Recuerda siempre para qué tipo de público estás escribiendo tu libro. No intentes abarcarlo todo. Menos es más.
- **Qué aspectos realmente han conquistado a los lectores**. Tal vez sea la claridad o la estructura con la que están escritos, puede que sea el uso de ejemplos, el haberse sentido identificados con el escritor/a... Presta atención y toma nota.
- **Qué aspectos han enfadado a los lectores**. Pueden ser cosas tan simples de solucionar como errores gramaticales o la generación de expectativas irreales en el título o en la descripción del libro. Procura no caer en sus mismos errores.

c) Los tres mejores libros de tu sector (opcional).

Si estás pensando en escribir un libro, imagino que ya habrás leído los mejores títulos sobre el tema que has elegido y, si no es así, sería muy recomendable que lo hicieses. Seguramente no encuentres más ideas leyéndote estos libros que revisando sus tablas de contenido y sus reseñas (o tal vez sí), pero tienes que saber contra quién vas a competir. No porque tengas que copiarlos ni hacerlo mejor que ellos, pero sí para hacerte una idea de **qué ha hecho de estos libros los nº1** y, sobre todo, **cómo diferenciarte**.

Si tu mapa mental ya era algo enrevesado antes de iniciar el proceso de investigación, una vez terminado puede ser un completo caos. No te preocupes, esto es algo normal. Es hora de dar forma a ese caos.

Truco Pro: esto es algo opcional, pero yo, una vez que he «terminado» mi mapa mental por escrito, dedico media horita a pasarlo a digital mediante alguna aplicación web como *MindNode*[9] (disponible para móvil y PC). Así, cuando me surge una nueva idea en cualquier otro momento, puedo añadirla a mi mapa mental. Llevar la versión física tamaño cama de matrimonio contigo no es nada práctico.

¡IMPORTANTE! No tomarte el interés o tiempo necesarios para crear este mapa mental de tu libro puede llevarte a pasar horas y horas sentado delante de una página en blanco, dándote cabezazos contra la pared porque no sabes qué demonios escribir.

Fallar al crear tu mapa mental probablemente implique fracasar al crear tu libro. No cometas este error.

---

[9] *soykevinalbert.com/mindmap*

3. La estructura de los esquemas.

Una vez que hemos exprimido la magia de los mapas mentales, añadiendo nuestra *investigación mínima viable*, es hora de dar estructura a esta magia. Vamos a convertir nuestro caótico mapa mental en un esquema estructurado y fácil de seguir, que nos servirá como GPS.

Al igual que tu GPS evita que tengas que pisar el freno de tu coche a fondo cada vez que llegas a una intersección para asomarte por la ventanilla y preguntar por dónde se va a Roma (te aseguro que, a la hora de escribir un libro, no todos los caminos llevan a la bella capital italiana), el esquema de tu libro te permitirá despreocuparte del camino y disfrutar del viaje de escribir.

Para conseguir que nuestro mapa mental se convierta en un buen GPS (y no ese que te grita «gira bruscamente» mientras vas por mitad de la autovía), vamos a tener que pasarlo por tres sencillas revisiones.

Revisión 1: encuentra las secciones, capítulos y subcapítulos.

Lo primero que tenemos que hacer es dar un paso atrás y tomar perspectiva. No permitas que los árboles no te dejen ver el bosque. ¿Eres capaz de encontrar los temas principales o secciones en los que dividir tu libro?

Coge un nuevo folio en blanco y escribe estas secciones arriba del todo a modo de encabezados. Una vez hecho esto, quiero que coloques el resto de ideas (todas) debajo de la sección en la que mejor encaje. Si ves que alguna idea encaja más de una sección, añádela en ambas y conéctalas mediante flechas.

Una vez tengas todas las ideas apuntadas, rodea con un círculo aquellas que puedan servir como los capítulos de tu libro y únelas a través de flechas con los subcapítulos o puntos que quieres tratar en estos capítulos principales.

Este es el aspecto que empezará a tener tu esquema:

No temas dejar ideas fuera, estamos en pleno proceso de destilación y es lo que se supone que debe pasar. Si tu libro puede prescindir de aspectos demasiados básicos y/o de aquellos muy avanzados, elimínalos sin miedo. No tienes que hacer el libro más completo sobre una determinada materia, sino que tienes que hacer un libro diferente sobre la materia que has elegido tratar.

Recuerda: *Diferente es mejor que mejor.*

Nota: si tu libro no es muy largo, posiblemente no necesites crear secciones y los encabezados de este primer esquema sean directamente los capítulos.

Revisión 2: digitaliza tu esquema en una secuencia lógica.

Una vez tienes identificadas tus secciones, capítulos y subcapítulos, es hora de pasar del papel al ordenador. Lo único que tienes que hacer mientras digitalizas tu esquema es ordenar todos estos puntos en una secuencia lógica que permita un seguimiento fluido de tu libro por parte del lector. Empieza con las secciones, después completa estas secciones añadiendo todos los capítulos y, por último, incluye los subcapítulos.

Puede que tengas que ir más allá de estos subcapítulos e incorporar puntos o subpuntos. Profundiza todo lo que sea necesario. Estos puntos y subpuntos no tienen por qué aparecer en el índice de tu libro, pero te ayudarán a la hora de escribir.

Revisión 3: haz las mates.

Pasamos ya a la última revisión, que dará como resultado el esquema/índice «definitivo» —sobre el que empezar a trabajar— de tu libro. Para esta última revisión vamos a necesitar una calculadora.

¿Te habías planteado ya cuántas páginas quieres que tenga tu libro? Si no es así, es el momento de hacerlo. Puedes tomar como referencia tus libros favoritos o los *bestseller* sobre tu temática, aquellos que investigaste en el punto anterior. Ahora entenderás el porqué.

Pongamos que quieres escribir un libro de treinta mil palabras. Ahora divide esta cantidad por el número de capítulos que tiene tu esquema. Con este cálculo, ya sabes cuántas palabras debe tener cada capítulo de tu libro.

¿Qué importancia tienen estos números?

- Cuando sepas cuántas palabras eres capaz de escribir en una hora, sabrás el tiempo que debes dedicar cada día para terminar tu libro en el plazo que te hayas fijado.
- Podrás hacer una reorganización de tus capítulos, juntando unos o separando otros, en el caso de que veas que puede existir un gran desequilibrio entre ellos.
- Un número de palabras muy bajo por capítulo puede indicarte que tal vez fuese buena idea dividir tu libro en varios libros. Este sería un buen momento para hacerlo y crear

dos o más esquemas a partir de tu esquema principal. En ocasiones, las secciones pueden constituir muy buenos libros por sí solas.

Si has ido siguiendo todas las indicaciones de este capítulo, en este punto tienes en tus manos un esquema de valor incalculable con el que empezar el reto *Escritor en 30 días*.

Si has preferido dar primero un repaso general a este capítulo —o a todo el libro— antes de ponerte manos a la obra —cosa que me parece genial—, quiero insistirte en la importancia de no saltarte este punto. Si no te tomas el tiempo necesario para completar los pasos que hemos visto hasta ahora, escribir tu libro puede convertirse en una auténtica pesadilla. Preparar un buen esquema para tu libro puede llevarte varias horas, o incluso días, pero te ahorrará varios meses o años de trabajo. Por favor, no intentes coger un atajo en este punto: tu esquema es el atajo. Te aseguro que me lo agradecerás.

CAPÍTULO 6

Reto: Escritor en 30 días

(Paso 6)

Una vez que has completado tu esquema, es hora de empezar a escribir tu libro. En este capítulo, voy a enseñarte cómo conseguir terminar de escribir el primer borrador de tu libro en tan solo 30 días (o menos).

Para unirte a este reto, únicamente debes comprometerte a seguir dos sencillas reglas:

1. No puedes empezar a editar hasta llegar al final de tu libro.
2. No puedes empezar ningún otro proyecto durante estos 30 días.

¿Aceptas el desafío?

Fuckeable Tournament: el nacimiento del reto Escritor en 30 días.

Como ya he comentado a lo largo del libro, una de mis muchas facetas es la de entrenador personal, pero no de esos que dicen que son entrenadores, sino entrenador personal de verdad, ¡con estudios y todo, hombre!

Los más de veinte años de experiencia, el haber trabajado con cientos de clientes (tanto profesionales como *amateurs*) y, sobre todo, el haber aplicado la Regla del 20/80 a mi metodología de trabajo, me permitió empezar a garantizar resultados hace ya muchos años.

Antes de empezar a trabajar con un cliente, fijamos unos objetivos, generalmente anuales, y si no los alcanzamos, les devuelvo su dinero (TODO). A día de hoy todavía no he tenido que devolverle el dinero a ninguno de estos clientes. Esto es, obviamente, porque tengo un muy buen sistema de trabajo... pero también porque siempre me guardo un as en la manga: **los retos o torneos**.

Por muy bien que se hagan las cosas, en el *fitness* pueden aparecer (y aparecerán) épocas de bloqueos o *mesetas* en las que se deja de evolucionar durante unas pocas semanas o incluso meses. Esto es algo normal y que, a menudo, tan solo requiere de paciencia. Pero como yo garantizo resultados, y perder un año de sueldo no es plato de buen gusto, llegados a este punto organizo una minicompetición o torneo que dura entre treinta y sesenta días.

Durante estos torneos no se entrena más duro ni durante más horas, y tampoco se sigue una dieta más estricta. Sin embargo, **siempre** permiten superar los bloqueos o mesetas y, en ocasiones, avanzar más de lo que se había avanzado en un año entero. ¿Cómo es esto posible?

1. **Objetivos a corto plazo**. Los objetivos a largo plazo son, sin duda alguna, los más importantes, pero la lejanía en el tiempo puede hacer que pierdan su papel motivador. Un objetivo a corto plazo es más fácil de medir y visualizar, lo cual multiplica su poder.

2. **Motivación intrínseca**. Los contextos competitivos encierran un componente de desafío en el que los participantes tienen la posibilidad de comparar sus habilidades con las de otros competidores y evaluar su logro personal. Es por ello que siempre busco a otro/s cliente/s al que le apetezca participar o, en el "peor" de los casos, compiten contra su *trainer*, yo.

3. **Motivación extrínseca**. El ganador, además de la recompensa que ya supone haber mejorado su aspecto físico en un tiempo récord, se lleva un premio acordado previamente entre los participantes. A veces, también incluimos castigos :)

4. «**Presión**» **o apoyo social**. Una de las cosas que pido a mis clientes durante los torneos es que publiquen su objetivo en sus redes sociales. En el momento en el que

compartes tu objetivo con tu entorno, es como si este se hiciese más real. Sentir que hay personas pendientes de tu evolución aumenta tu compromiso, y por supuesto, en ocasiones también recibirás su apoyo y su aliento.

Es tal la evolución que se consigue con este tipo de retos que, desde hace unos añitos, empecé a aplicármelos a mí mismo y creé los *Fuckeable Tournaments:* unos torneos creados para competir con mis amigos y darnos ese empujoncito extra de cara al verano.

Como comprenderás, no puedo enseñarte los torneos de mis clientes particulares... aunque sí puedes ver estos torneos entre amigos. Era condición indispensable para participar que me dejasen enseñar sus fotos ;)

No te asustes → *www.fuckeable.com*

Viendo el potencial de estos retos, decidí diseñar el reto *Escritor en 30 días,* en el que se aplican los mismos principios y una metodología muy similar a la de los torneos de *fitness,* consiguiendo los mismos resultados extraordinarios en un tiempo récord. Sin ir más lejos, yo ahora mismo estoy escribiendo este libro aplicando este sistema y compitiendo contra mi chica y un buen amigo.

¿Impaciente por saber en qué consiste este reto exactamente?

Escritor en 30 días: El reto.

Al igual que ocurre con los retos *fitness*, el reto *Escritor en 30 días* va a permitir convertir un proceso que por lo general es muy duro, en un viaje estimulante e incluso divertido.

Para una mejor comprensión y seguimiento, he dividido el reto en 3 pilares fundamentales: planificación, organización y competición.

1. Planificación.

a) Define el objetivo final.

Debemos comenzar con el fin en mente. El primer paso será determinar tu objetivo final para este reto: **terminar el primer borrador de tu libro en 30 días**.

Como cuando llegues a este punto ya habrás hecho los deberes y, entre otras cosas, sabrás el número de capítulos que tendrás tu libro y el número aproximado de palabras que te gustaría escribir en total, puedes concretar más todavía:

Tu objetivo final sería entonces: **escribir X capítulos** (el total de tu esquema) en 30 días **o escribir X palabras** (el total de tu libro) en 30 días.

b) Establece tu objetivo diario.

Pongamos que quieres escribir un libro de 30.000 palabras y 10 capítulos en 30 días. El siguiente paso sería dividir este objetivo final en objetivos diarios, dividiendo entre 30. De esta forma, tu objetivo diario sería escribir un capítulo cada 3 días o 1.000 palabras al día.

Saber cuánto tienes que escribir cada día te proporciona una información muy precisa de tu evolución, indicándote si alcanzarás tu objetivo en el plazo establecido, o no.

c) Fija metas semanales.

Puede que no todos los días puedas o te apetezca dedicar el mismo tiempo a escribir tu libro; habrá ocasiones en las que estés más motivado y escribas mucho más de lo establecido en tu objetivo diario y, por el contrario, otras en las que apenas avances unas pocas palabras. Es por esto que es importante marcarnos metas o hitos intermedios.

En este reto, lo ideal es dividir el objetivo final en cuatro e ir revisándolo cada semana. Siguiendo con el ejemplo anterior, tu objetivo semanal serían dos capítulos y medio por semana o 7.500 palabras.

2. Organización.

a) Establece un horario de escritura.

La mejor forma de progresar con tu libro es planificar tu día por adelantado y reservar bloques de tiempo específicos en los que puedas centrarte completamente en escribir, a ser posible siempre a la misma hora y en el mismo sitio. Piensa que intentamos crear una rutina que te facilite las cosas. Si esperas a que surja un hueco a lo largo el día para ponerte a escribir, NUNCA terminarás tu libro.

Te recomiendo reservar al menos una hora todos los días y, si algún día dispones de más tiempo y te sientes inspirado, prolóngala hasta que tu agenda te lo permita o se te acabe la inspiración. Por supuesto, esto dependerá en gran medida de las palabras que seas capaz de escribir cada hora y de la longitud de tu libro. Cuando llegues al final de la primera semana, revisa tu meta para la semana 1 y haz los ajustes que sean necesarios.

¿No sabes de dónde sacar el tiempo? A mí se me ocurren muchas ideas: puedes probar a levantarte una hora más temprano, acostarte una hora más tarde, recortar tiempo de televisión, de tus redes sociales o de tus ratos de ocio, dejar el gimnasio o tus clases particulares por un mes, etc. Obviamente, todo dependerá de tu grado de motivación o de lo importante que sea para ti escribir tu libro, pero es imprescindible que reserves tus bloques de tiempo por adelantado.

Si te es posible, trata de escribir en tus momentos de mayor productividad, aquellos en los que te sientes más fresco o creativo. Para algunas personas es a primera hora de la mañana, después de tomarse su primer café; otras se sienten más inspiradas antes de irse a dormir; otras, nada más despertarse de la siesta; ... Decide cuál es tu mejor momento y trata de mantenerlo todos los días.

Haz lo mismo con el lugar que eliges para escribir. ¿Te concentras mejor en casa? ¿Prefieres acudir a la biblioteca? ¿Puedes permitirte escribir desde la playa o un parque bonito?

Personalmente, yo escribo sobre las diez de la mañana —tardo un poco en despejarme— desde alguna cafetería con encanto —trato de ir variando— acompañado por mi portátil y mi bloc de notas. Siempre que intento hacerlo a otra hora o desde otro lugar, mi productividad se resiente muchísimo.

b) Desconecta.

En esta época digital en la que nos ha tocado vivir, siempre estamos conectados. Muchas personas, entre las que me incluyo, tenemos la necesidad de revisar las redes sociales de nuestro teléfono móvil o el correo de nuestro ordenador de forma compulsiva. A mí me molesta incluso ver el numerito encima del icono de una aplicación indicando que hay mensajes sin leer (es uno de mis TOCs).

Estas distracciones perjudican seriamente nuestra productividad y son un gran obstáculo en nuestra rutina de escritura. Es por ello que es tremendamente importante que te desconectes del todo cuando te sientes a escribir, especialmente si tienes facilidad para distraerte.

Apagar tu teléfono y desenchufar el wifi de tu ordenador son dos imprescindibles a la hora de empezar tu rutina. Haz lo que sea necesario para asegurarte de que la única cosa en la que podrás focalizarte durante este tiempo sea tu libro y nada más.

c) Tu rutina de escritor.

Ahora que ya sabes cuánto debes escribir cada día y que has reservado tus bloques de tiempo para escribir, vamos a ver en qué va a consistir exactamente tu rutina diaria de escritor.

Recuerda tu porqué (1 min). Tan sencillo como suena. Antes de ponerte a escribir, recuerda por qué has decidido escribir tu libro y anótalo por escrito. Este sencillo ejercicio te ayudará a focalizarte y te ayudará a sacar fuerzas en los días más difíciles.

Mapa mental por capítulo (15 min). Cada día que te toque empezar un nuevo capítulo, vas a realizar un minimapa mental para ese capítulo en concreto.

Coge un folio en blanco, escribe el título del capítulo en el centro y rodéalo con un círculo. Ahora, saliendo de este círculo central, tal y como hiciste con tu esquema general, empieza a anotar todas las ideas que se te ocurran relacionadas con ese capítulo: puntos, subpuntos, ejemplos, historias, etc.

Completa tu esquema (5 min). Una vez que has terminado este minimapa metal, vuelve a tu esquema general y, si has dado con alguna nueva idea relevante, añádela a ese capítulo.

ESCRIBE (40-90 min). Usando tu esquema como GPS, conecta tu temporizador y escribe durante el tiempo que te hayas marcado. Puesto que ya sabes de lo que tienes que hablar y la secuencia en la que tienes que hacerlo, el proceso de escritura no tiene ningún misterio. Así pues... ¡Escribe!

En resumen, tu rutina diaria se verá así:

1. **Tu porqué**: 1 minuto.
2. **Mapa mental**: 15 minutos (solo los días que empieces un nuevo capítulo).
3. **Esquema**: 5 minutos (solo los días que empieces un nuevo capítulo).
4. **Escribir**: 40-90 minutos.

3. Competición.

a) Encuentra a tus competidores.

Competir contra ti mismo está bien. Marcarte objetivos diarios y metas semanales que cumplir te ayudará a superarte y a terminar tu libro en el plazo establecido. Pero no podemos negar que **competir contra otras personas, además, es divertido y muy motivador**.

Uno de los factores más importantes para que un autor, especialmente si es primerizo, alcance el éxito (termine su libro), es la supervisión por parte de otra persona. Seguro que has visto varias películas en las que el *prota*, un escritor de éxito, se encuentra en un momento de bloqueo y con la tentación de tomarse un año sabático, pero como tiene a su editor encima de él día y noche, acaba cumpliendo con el plazo de entrega, la editorial decide renovarle el contrato, se casa con la chica y colorín colorado.

Pues bien, eso mismo (pero sin la parte cabrona) es lo que va a hacer tu competidor o competidores contigo. Bastará con que programemos unas pequeñas sesiones (en persona o por videoconferencia) en las que compartir nuestros objetivos y progresos diarios y semanales para activar nuestro chip competitivo y nuestro afán de superación y mejora. «Si ellos pueden, ¿cómo no voy a poder yo?».

En estas sesiones, no solo se comparten los objetivos y progresos (que ya de por sí suponen una gran diferencia), sino también nuestras mejores prácticas, dificultades que vamos encontrando en el camino, trucos que hemos descubierto y cualquier cosa que pensemos que puede contribuir a nuestro éxito y el de nuestros adversarios.

En los *Torneos Fuckeable* ni siquiera tenemos que programar estas minisesiones. El progreso, que se mide en forma de peso y grasa corporal, queda registrado automáticamente en la nube —

pues todos tenemos la misma báscula inteligente—, y todos tenemos acceso a los datos de los demás. A esto, hemos añadido la monitorización de las calorías consumidas y la distancia recorrida (mediante la misma *app*) para poder hacernos una idea de por qué se producen —o no— estos progresos y, en su caso, poder copiarlos o aconsejarlos.

Nota: si no encuentras a ningún conocido que esté en tu misma situación contra quien poder competir, al menos busca a una persona de confianza dispuesta a revisar tus progresos diaria y/o semanalmente.

b) Comparte tu objetivo públicamente.

Además de compartir tus objetivos y progresos con tus competidores, te recomiendo que los compartas públicamente en tus redes sociales con tus amigos y familiares.

Esto añadirá un **compromiso extra** por tu parte. No es lo mismo decidir que vas a hacer algo, guardártelo para ti y, si cambias de opinión, aquí no ha pasado nada, que pensar que si te echas atrás vas a tener que explicarles a decenas de personas por qué has decidido tirar la toalla y aparcar ese objetivo que decías que era tan importante para ti.

Además, conseguirás un **apoyo adicional**, incluso de personas que no habrías imaginado. Tal vez, alguno de tus contactos ya haya pasado por el proceso de escribir un libro y esté encantado de seguir tu evolución y ayudarte en tu camino.

Por último, compartir públicamente que vas a escribir un libro es un medio de promoción (encubierto) extraordinario. Las personas que se impliquen y sigan tu evolución se sentirán parte del proyecto y estarán deseosas de comprar tu libro el día que lo publiques.

c) Celebra tus victorias.

Tener el hábito de celebrar tus logros y victorias, por pequeños que sean, encierra un gran poder en la consecución tus objetivos presentes y futuros.

Si has encontrado a tu oponente o grupo de oponentes, durante la primera minisesión que programéis, acordad el premio que se llevará el ganador o ganadores.

Si has echado un vistazo a los *Fuckeable Tournaments*, habrás visto que tenemos un premio individual (económico), pero también tenemos premios colectivos, como la «guarricena» o la sesión de fotos en la que inmortalizar nuestros cuerpazos de playa para la posteridad.

Si no has conseguido a nadie contra quien competir, decide antes de empezar a escribir una sola palabra cómo vas celebrarlo cuando el día 30 hayas completado tu libro. Escribir un libro es algo con lo que sueñan millones de personas, pero reservado a un selecto grupo de luchadores. No infravalores lo que acabas de conseguir y celébralo como se merece.

Una vez hayas celebrado el haber completado el primer borrador de tu libro como se merece, **es hora editar tu libro**.

CAPÍTULO 7

Edición low cost

(Paso 7)

Lo sé, acabas de realizar una tarea titánica escribiendo tu libro, algo que el 99% de las personas quiere hacer pero nunca hará y, además, ¡lo has hecho en un tiempo récord! Entiendo que lo último que te apetece es empezar a revisarlo y corregirlo, pero tengo buenas noticias para ti. El primer paso en tu proceso de edición es... DESCANSAR. **Y no es opcional**.

Una vez festejado el haber terminado tu libro y dejado pasar al menos una semana, es el momento de desempolvar tu borrador y convertirlo en una auténtica obra de arte.

Spoiler alert: la primera vez que releas tu borrador, te parecerá cualquier cosa menos una obra de arte.

En el proceso de edición, tu libro va a pasar por tres manos: las tuyas, las de tus lectores beta y las de un editor profesional.

Fase 1: autoedición.

La primera revisión de tu libro te corresponde hacerla a ti. Además, va a ser una revisión triple. Esto significa que, en lugar de leer tu libro tratando de corregirlo todo de una vez, vas a leerlo tres veces prestando atención a un único aspecto en cada lectura. Si intentas arreglarlo todo de una sola pasada, se te hará muy cuesta arriba y tendrás la sensación de que no consigues progresar (y posiblemente así sea).

1. En la **primera revisión**, tan solo te está permitido **subrayar y tomar notas** de aquellos errores e incoherencias que vas encontrando o de aquellos arreglos y mejoras que te gustaría hacer.

2. En la **segunda**, debes prestar atención en dar **coherencia y fluidez** a tu texto; reorganizando secciones e incluso añadiendo o quitando apartados si fuese necesario.

3. En la **tercera y última revisión**, ya solo te queda por repasar los errores de **ortografía y gramática**.

Ya está, tu libro está listo para pasar a la siguiente fase. No continúes revisando tu libro eternamente, este es uno de los mayores errores que puede cometer un escritor. Es mejor tener un libro completo imperfecto que un capítulo «perfecto» de un libro incompleto.

No lo olvides: *«Hecho es mejor que perfecto»*.

Fase 2: lectores beta.

Si cuatro ojos ven más que dos, imagina lo que pueden llegar a ver cuarenta. Los lectores beta son una forma estupenda de obtener *feedback* durante el proceso de edición de tu libro; encontrando incoherencias en el texto, errores gramaticales, permitiendo que te hagas una idea de cómo será recibido tu libro por tus futuros lectores, etc.

Un lector beta es básicamente cualquier persona que accede a leer el borrador de tu libro y te ofrece *feedback* constructivo sobre este (más allá de «me ha gustado» o «no me ha gustado»). Tú te beneficias de sus correcciones y sugerencias y ellos obtienen una copia gratuita del borrador de tu libro.

Tus amigos cercanos y familiares no son los lectores beta más recomendables, pues es difícil que sean objetivos y tratarán de no herir tus sentimientos. Esto no es lo que necesitamos ahora.

¿Dónde encontrar a nuestros lectores beta? En primer lugar, busca entre las personas que han ido siguiendo los progresos de tu libro durante el reto del *Escritor en 30 días* a aquellas interesadas o con conocimientos en la temática de tu libro.

Si entre tus «seguidores» no has encontrado a nadie que cumpla estos requisitos o el número es muy pequeño, puedes encontrar nuevos lectores beta buscando en Facebook aquellos grupos interesados en tu temática en particular o en la lectura de no ficción en general.

Una vez tengas seleccionados a tus lectores beta, asegúrate de enviarles, además de la copia digital de tu borrador, unas sencillas indicaciones de lo que esperas de ellos. Puede ser desde un simple subrayado de los errores gramaticales que encuentren durante su lectura a una pequeña lista de preguntas específicas sobre el contenido de tu libro.

¿Qué debes buscar en el *feedback* recibido? Los comentarios que recibas de tus lectores beta no están para que modifiques tu libro atendiendo a todas sus sugerencias. Intentar complacer a todos no solo no es posible, sino que sería un gran error. **Lo que debes buscar son puntos comunes**. Encuentra aquellas sugerencias que más se repiten y decide si es necesario hacer unas últimas modificaciones antes de pasar a la tercera fase.

Fase 3: tu editor profesional.

Ya casi estamos. Hemos llegado a la tercera y última fase de la edición de tu libro, en la que terminaremos de convertir ese borrador caótico que empezaste a revisar hace unos pocos días en una auténtica pieza de museo.

Tu libro ya ha pasado por tus tres autoediciones y por la de tu equipo de lectores beta y puede que sientas la tentación de saltarte esta última fase y ahorrarte unos pocos euros. No cometas ese error.

Hay ciertas limitaciones en tus autoediciones y la de tus lectores beta. Tener un editor profesional que profundice en tu trabajo es **un paso muy importante que no debes omitir antes de hacer clic en el botón de publicar**.

Un buen editor será capaz de ayudarte a pulir tu borrador, suavizar pequeñas (o no tan pequeñas) meteduras de pata y ofrecerte sugerencias sobre cómo mejorar tu libro. Encontrar a un editor profesional es fácil, hacerlo a precios *low cost*, no tanto. Por suerte, he escrito un libro entero precisamente sobre este tema.

De todos los sitios en los que puedes buscar un editor para tu libro, te recomiendo *Upwork*[10], un *marketplace* o espacio virtual que pone en contacto a los mejores *freelancers* de todo el mundo con empresas o particulares que buscan a un profesional con talento.

Básicamente, lo único que tienes que hacer es registrarte en la plataforma y publicar tu oferta de trabajo (la edición de tu libro) siguiendo los pasos que se te van indicando. Empezarás a recibir propuestas de decenas de *freelancers* interesados en editar tu libro. Tu único trabajo será encontrar al profesional que te ofrezca la mejor relación calidad/precio.

---

[10] *upwork.com*

Cómo elegir a tu editor.

Lo mejor de trabajar con una plataforma como Upwork es que puedes revisar el perfil de todos los *freelancers* que se ofrezcan para editar tu libro: sus tarifas, su formación, su portfolio... y lo más importante: las reseñas de sus clientes.

Realmente puedes llegar a perderte entre tanta información y pasarte días revisando perfiles. Pero no será necesario. Así es cómo lo hago yo:

En primer lugar, descarto todas las propuestas de aquellos freelancers que no han ganado al menos 10.000€ en la plataforma y que no tienen un mínimo del 90% de satisfacción por parte de sus antiguos clientes. Solo con esto, ya habrás reducido la lista a unas pocas ofertas. Entre los profesionales que queden en pie, empieza a hacer un sondeo y revisa si alguno de ellos está especializado o ha revisado anteriormente libros sobre tu misma temática y márcalos como favoritos.

Ya solo queda hablar de tarifas.

Cuánto cuesta editar un libro en Upwork.

La respuesta es simple: lo que tú quieras gastarte.

Desde hace ya varios años, es raro la semana que no uso Upwork para algo (no te puedes imaginar la de cosas que puedes llegar a encargar). Lo primero que aprendí al trabajar con estas plataformas es que, al igual que en el mundo *offline*, los precios varían *hasta el infinito y más allá*.

Por el mismo libro (digamos de treinta mil palabras), editado por dos *freelancers* con el mismo grado de formación y experiencia, puedes esperar pagar desde 100€ hasta más de 5.000€.

Los precios oficiales por editar un libro están comprendidos entre 0,005€ y 0,015€ por palabra, y digo oficiales por que eso es lo que recomienda la *Editorial Freelancers Association*. Pero eso no quiere decir que no puedas encontrar tarifas muy superiores o muy por debajo con resultados similares. Esta diferencia **abismal** depende de diversos factores: el principal es el país de origen del *freelance*, pues no cuesta lo mismo vivir en España que en América, por ejemplo. Pero también puede depender de lo solicitado que esté el *freelance* o de lo «famoso» que sea.

Que esto no te desanime, precisamente esta es la magia de estos *marketplaces*. Recuerda: si el profesional tiene un 90% o más de satisfacción y ha ganado al menos 10.000€ en la plataforma, puedes estar prácticamente seguro de que obtendrás un buen trabajo.

Para que te sirva de orientación, en mis últimos libros, que tenían entre quince mil y treinta mil palabras, he pagado una media de 80€.

Truco: puesto que la página web de Upwork no tiene la opción de traducir por idiomas, si quieres poder leerla sin problemas tan solo tienes que usar el navegador Google Chrome y pinchar en el icono de traducción que aparece en la barra de direcciones URL del navegador.

Localización del icono de traducción en la barra de direcciones.

IMPORTANTE: aunque una vez que empieces a hablar con los diferentes *freelancers* podrás hacerlo en español, la propuesta de trabajo debes hacerla en inglés o te bloquearán la cuenta. Normas de Upwork. Con usar el traductor de Google será más que suficiente.

¡Chim-Pom!

Si ya has pasado tu libro por las tres fases de edición (autoedición, lectores beta y editor profesional), ahora sí, **tu libro está terminado**.

¡Lo has conseguido! ¡ENHORABUENA!

Y si eres hiperperfeccionista como yo y tienes la tentación de seguir revisando tu libro una y otra vez, aplazando innecesariamente su lanzamiento (por si acaso encontrases algo que mejorar o algún error gramatical que se te hubiese pasado), recuerda que:

Amazon te permite seguir haciendo modificaciones de tu libro SIEMPRE, ¡aunque ya esté publicado!

Así que no tienes excusas. Si has seguido todos los pasos de esta primera sección, estoy seguro de que tienes entre tus manos una obra que merece ver la luz. No prives al mundo de este privilegio y no te prives a ti mismo de semejante satisfacción.

Es hora de publicar tu libro.

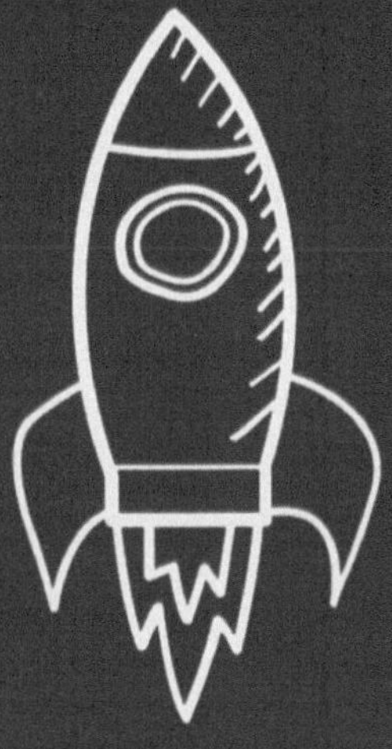

PUBLICA TU LIBRO

- 6 PASOS PARA AUTOPUBLICAR UN LIBRO EN AMAZON -

La mujer del César no solo debe serlo,
sino parecerlo.
— JULIO CÉSAR

Introducción

Tras haberme pasado cuatro largos años escribiendo mi primer libro, a principios de 2016 finalmente había concluido con la última de las decenas de correcciones por las que mi trastorno obsesivo compulsivo me había obligado a pasar mi obra antes de considerar que era digna de ver la luz. Por fin había llegado el momento. Antes de que pudiese darme cuenta, mi libro estaría publicado.

O eso es lo que pensaba yo. Y es que, no fue hasta mediados de ese año, unos seis meses después, cuando mi libro salió a la venta. ¿De verdad tiene que pasar tanto tiempo desde que se termina de escribir un libro hasta que se publica?

Pues, DEPENDE.

Por ponernos en los extremos: si te pones en manos de una editorial, es posible que tu obra maestra termine publicándose años después de tu muerte (como le sucedió a J.R.R. Tolkien con *El Señor de los Anillos*), y si decides autopublicarla tú mismo sin llevar cuidado alguno en los detalles, puedes hacerlo en menos de treinta minutos.

Ninguna de estas dos fórmulas resulta muy prometedora; la primera, porque nunca disfrutarás del éxito que pueda generar tu obra; y la segunda, porque las prisas por publicar y el no atender cada detalle suelen ser garantía de que no coseches éxito alguno.

¿Existe algún camino intermedio? ¿Es posible publicar un libro sin tener que esperar meses o años hasta que una editorial decida que eres digno de publicar bajo su nombre y, además, hacerlo con las mismas garantías de éxito?

Sí, EXISTE.

Y ese, amigo mío, es el objetivo de esta segunda sección: voy a enseñarte cómo pasé de publicar mi primera obra en algo más de seis meses a hacerlo en menos de una semana y con las **máximas garantías de éxito**.

CAPÍTULO 8

Autopublicación vs editorial

Como ya sabes, mi primer libro *Branding Low Cost* acabé autopublicándolo a través de Amazon. Tomar esta decisión y no las demoras típicas de una editorial fue lo que retrasó su lanzamiento seis largos meses.

Soy de los que cuando tienen que tomar una decisión importante analiza todas y cada una de las variables posibles, y claro, después de haber dedicado más de cuatro años a escribir mi libro, esta, sin lugar a dudas, era una decisión fundamental y no estaba dispuesto a dejarla en manos del azar. Así que, como es habitual en mí, hice muy bien mis deberes.

Aunque siempre suelo empezar mis investigaciones por internet, por aquel entonces, al haberme convertido en un experto mientras escribía mi primer libro, estaba muy bien relacionado con otros muchos expertos (de dentro y fuera del mundo del *branding*) que, «por casualidad», ya tenían uno o varios libros publicados.

De modo que el primer paso de mi investigación consistió en reunirme con seis de estos experimentados escritores para preguntarles por el camino que habían elegido ellos (editorial o autopublicación) y por su experiencia.

No sé si me quedé más sorprendido al descubrir que todos habían publicado sus libros a través de una editorial o al conocer sus motivos para hacerlo: cinco de ellos coincidían en pensar que publicar con una editorial «te da más caché».

Si ya estaba desconcertado con estos primeros hallazgos, el siguiente descubrimiento me dejó de piedra: cinco de los seis (sí, los mismos del *caché*) **habían pagado por publicar sus libros**. Y no poco, pues según me confesaron algunos de ellos: **publicar les había supuesto una inversión económica que seguramente nunca recuperarían vendiendo libros**.

¡¿PERO QUÉ COJO***?! ¡¿Para publicar iba a tener que endeudarme?! ¡Eso no es lo que yo había visto en las películas!

Lo que yo tenía entendido es que si habías escrito un buen libro y tenías «la suerte» de que a la editorial de turno le gustase y apostase por él, esta se ocupaba absolutamente de todo: te daba un cheque, un porcentaje de las ventas y tú de lo único que tenías que preocuparte era de firmar libros en El Corte Inglés[11].

---

[11] El Corte Inglés es una cadena de centros comerciales de España de toda la vida... que ya huele a viejuno.

O yo me había vuelto idiota... o aquí estaba pasando algo raro.

Y efectivamente, algo raro estaba pasando.

Por suerte para mi investigación, uno de estos seis expertos no había tenido que pagar para publicar su obra y pudo confirmarme que, efectivamente, la cosa funcionaba de forma muy similar a como yo pensaba (sin la parte de El Corte Inglés). Según me explicó, aunque su cheque inicial fue de menos de 2.000€ y que las regalías anuales eran cercanas a cero, **una editorial nunca te pide dinero para publicar tu libro**.

El resto de los entrevistados había caído en lo que se conoce como «el timo de la editorial». A grandes rasgos, consiste en que una **imprenta**, que vive de imprimir, se presente como una **editorial**, que vive de vender libros. Da igual que se llame **editorial de coedición o autoedición**. Si tienes que pagar «lo que sea» para publicar tu libro, ES UNA IMPRENTA.

Si quieres saber más sobre el tema, solo tienes que introducir «timo o estafa de las editoriales» en Google y podrás leer largo y tendido sobre estos caraduras. Encontrarás historias personales de rabia y frustración que espero que te sirvan para no caer en su **trampa perfectamente diseñada**.

Habiendo llegado a este punto, y según la información con la que contaba, tenía dos opciones:

1. Podía publicar mi libro con una imprenta en menos de un mes, gastándome unos cuantos de miles de euros[12].

2. Podía pasar meses contactando con editoriales «de verdad» y cruzando los dedos para que alguna «me hiciese el favor» de publicar mi libro y de pagarme dos mil euritos más unas regalías prácticamente inexistentes[13].

Viendo este panorama tan poco alentador, no me quedaba otra que hacer uso de mi espíritu emprendedor y descubrir por mí mismo el camino de la autopublicación.

Como ya te imaginarás, el experimento salió bien. Tan bien que no solo acabé escribiendo el libro que tienes entre tus manos, sino que incluso algunos de estos autores, que estaban la mar de contentos con «su caché», pasaron a ser mis clientes :)

---

[12] Los autores entrevistados gastaron entre 3.000€ y 20.000€.

[13] Si eres autor novel, las condiciones raramente serán mejores.

CAPÍTULO 9

Motivos para autopublicar

Ya hemos visto dos buenos motivos para decantarnos por la autopublicación:

1. Es mucho más rápido que hacerlo con una **editorial de verdad**.

2. Es mucho más barato que hacerlo con una **editorial de mentira**.

Tal vez lo que deberíamos empezar preguntándonos es:

¿Por qué NO autopublicar?

Si tuviésemos que fiarnos del criterio de los autores a los que entrevisté, los motivos para optar por una editorial tradicional serían básicamente dos:

1. Publicar con una editorial de renombre **da más caché**.
2. Autopublicar un libro «de forma profesional» **no es tarea fácil**.

Lo cierto es que, en parte, les doy la razón. Me explico:

En cuanto al primer punto, efectivamente, si publicas con una editorial internacionalmente reconocida y esta te ayuda a vender millones de ejemplares en todo el mundo, sí, una editorial te da más caché. Peeero si pagas varios miles de euros para que la editorial «de coedición» de la vuelta de la esquina «imprima» tu libro, perdona que te lo diga, pero tú no eres un autor con caché, eres un *pringao*.

Y en cuanto al segundo punto, vuelvo a estar de acuerdo. Autopublicar un libro «de forma profesional» no es tarea fácil. No hay más que echar un vistazo al catálogo de Amazon para ver las aberraciones que millones de autores *indies* suben a la plataforma mostrando sus habilidades con Photoshop (o peor aún, ¡con Paint[14]!), o deleitando a los lectores con lo que es capaz de hacer el autocorrector de Word. Si te digo la verdad, cuando digo que soy autor autopublicado temo que se me relacione con estos fenómenos.

Pero, ¿qué me dirías si te dijera que puedes autopublicar tu libro con la misma calidad que lo haría una editorial, pero sin

---

[14] Programa de edición de imágenes que venía con Microsoft Windows edición 1.0. No hace falta decir más.

tener que aprender diseño gráfico o hacer una carrera en filología hispánica y, además, conseguirlo en menos de una semana?

Autopublicar un libro es fácil. Como ya comenté, puedes hacerlo en menos de treinta minutos. Autopublicar un libro **y que no parezca autopublicado** tiene su truco, ¡pero precisamente de eso va esta segunda sección!

Si sigues los pasos que voy a contarte, no solo podrás autopublicar con la misma calidad con la que lo haría una buena editorial y obtener el mismo caché o más, sino que disfrutarás de muchos beneficios ocultos de los que disfrutamos los autores autopublicados, como la libertad de escribir lo que tú quieras y con tus propias palabras y no lo que tu editor haya decidido que es más «apropiado»; o el control y la flexibilidad de experimentar y probar cosas nuevas cuando tú, y solo tú, lo decidas, ganando además un muy buen dinero por el camino.

Si todos estos motivos no han terminado de convencerte y tú sigues con la ilusión de publicar con una gran editorial, adelante, aunque yo te recomendaría que primero demostrases de lo que eres capaz de conseguir con una «simple» autopublicación y, una vez hayas demostrado que existen miles de personas dispuestas a comprar tu libro, contactes con esa editorial que tanta ilusión te hace. Ahora serás tú quien negocie las condiciones.

CAPÍTULO 10

Por qué Amazon

Si con todo lo que te he contado ya te has convertido en un fan incondicional de la autopublicación, como es mi caso, ahora mismo te estarás preguntando:

«¿Dónde autopublico mi libro?»

Son muchas las plataformas en las que puedes autopublicar tu obra, algunas incluso con mejores condiciones que Amazon (en lo que a regalías se refiere). Entonces, ¿por qué terminé decantándome por Amazon y por qué no dudo en recomendarte que tú hagas lo mismo?

Son varios los motivos que inclinaron mi balanza hacia la compañía de Bezos[15], pero hay uno tan contundente que en realidad no hace falta decir mucho más: Amazon es la mayor librería del mundo y, por tanto, **posee la mayor base de datos de posibles lectores para tu libro**. Esto quiere decir que **el**

[15] Jeff Preston Bezos es el fundador y director ejecutivo de Amazon.

potencial para vender y ganar dinero con tu obra es mucho más grande en Amazon que en ninguna otra plataforma.

Y por si esto no fuese suficiente: también dispone del mejor panel de control en el que poder llevar un seguimiento exhaustivo de todo lo que sucede con tu libro, una plataforma exclusiva para que puedas promocionarlo, ofrece la opción de publicar tanto libros digitales como físicos en decenas de formatos diferentes, tiene un servicio de entrega nunca visto hasta el momento (no tardaremos en ver nuestros libros repartidos por drones inteligentes en cuestión de unas pocas horas o minutos), etc.

De acuerdo, de acuerdo... Amazon es la po**a, pero, ¿por qué no publicar también en el resto de plataformas? Esta pregunta estuvo rondando mi cabeza durante meses. Finalmente, decidí aplazar indefinidamente esta idea. Los motivos que me llevaron a tomar esta decisión fueron dos:

1. Publicar en una plataforma requiere de unos pocos minutos. **Dominar una plataforma requiere dedicación** y por ello acabé pensando que sería mejor focalizar mis esfuerzos en la plataforma nº1 en lugar de dispersar mis energías en otras con un menor potencial.

2. **En Amazon, la exclusividad tiene premio**. Si prometes no publicar tu libro electrónico en ninguna otra plataforma, Amazon te ofrece la posibilidad de participar en su programa KDP Select.

Y esto, señores, es algo muy interesante.

CAPÍTULO 11

Programa KDP Select

KDP Select es un programa promocional que implica darle a Amazon la exclusividad para vender tu libro en formato digital (en papel o en audio puedes seguir vendiéndolo donde quieras) durante 90 días. Pasado este periodo, puedes elegir si seguir o no en el programa.

Por defecto, esta opción **no está seleccionada** y debes marcarla cuando publiques. En caso de no hacerlo en ese mismo momento, puedes inscribirte después desde la página principal de tu libro. También se renueva de manera automática, así que si quieres darte de baja, debes desmarcar la opción antes de que se cumpla el plazo.

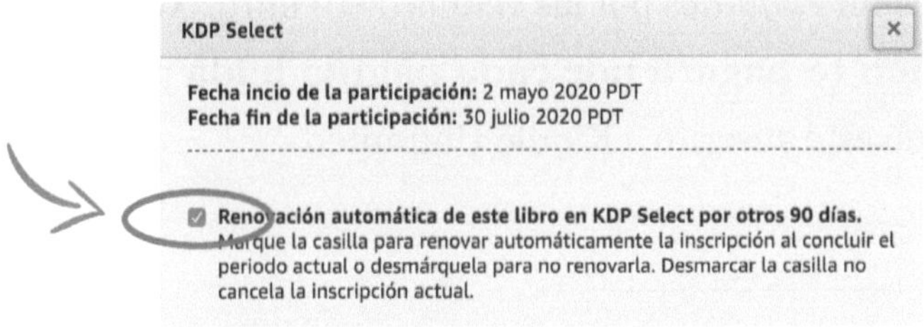

Localización opción KDP Select.

Estar inscrito en este programa te otorga una serie de beneficios y herramientas muy interesantes para ayudarte a triunfar con tu libro y que, además, parece que van ampliando y mejorando con el paso del tiempo.

El uso y análisis de estas herramientas ahora mismo no debe preocuparte demasiado[16], pues corresponde más a la fase promoción que veremos en la próxima sección, pero sí es importante que conozcas **los 3 beneficios principales de KDP Select** a la hora de publicar tu libro y decidir entonces si otorgar o no esta exclusividad a Amazon:

1. **Mayores comisiones.** La primera ventaja de estar suscrito a este programa es que, en países como Japón, la India, México y Brasil, los *royalties* por las ventas de tu *eBook* pasarán del **35% al 70%**.

2. **Mayores ingresos.** Toda obra inscrita en KDP Select se incluye automáticamente en **Kindle Unlimited**, un programa en el que los clientes pueden leer todos los libros que quieran y quedarse con ellos por un tiempo indefinido pagando una suscripción mensual. Esto, para ti como autor, abre **una nueva vía de ingresos** pues además de recibir *royalties* por las ventas de tu libro, **Amazon también te pagará por cada página leída** por un cliente que esté suscrito a Kindle Unlimited.

---

[16] Si tienes curiosidad, puedes encontrar más información en su propia página web: *soykevinalbert.com/kdpselect*

3. **Mayor visibilidad.** Las evidencias parecen indicar que Amazon «trata mejor», es decir, da mayor visibilidad a aquellos libros que están inscritos en KDP Select simplemente por el hecho de estarlo. Además, las páginas leídas, al igual que las ventas, aumentan el *ranking* de un libro haciéndolo escalar posiciones en la biblioteca de Amazon, contribuyendo a su vez a una mayor visibilidad. Un maravilloso círculo vicioso: **a mayor visibilidad, mayores ventas; a mayores ventas, mayor visibilidad**.

CAPÍTULO 12

Maquetación: no basta con ser un experto, tienes que parecerlo

(Paso 1)

Una vez que tu libro ha pasado por el proceso de edición, puedes pensar que tu manuscrito ya está listo para ser publicado. Error. Tan importante es lo que dices (el borrador de tu libro) y cómo lo dices (tu libro editado), como la forma en que lo presentas, es decir, la maquetación de tu libro.

Es posible que esto pueda parecerte algo superficial y pienses que lo único importante es el contenido en sí mismo y que es por este por lo que se va a valorar tu obra. Me alegra decirte que esto no es así. Las formas importan, ¡y mucho! Y digo que me alegra porque la maquetación es uno de los pasos más sencillos en el proceso de creación y, sin embargo, uno de los que más autores autopublicados pasan por alto.

Esto es una gran oportunidad para los escritores que nos tomamos las cosas en serio, pues a igual (o incluso peor) calidad de contenido, nuestro libro será mejor valorado (más «estrellitas») por los lectores, lo que hará que suba posiciones en el *ranking* de Amazon, sea más visible y genere más ventas que otro libro de nuestra competencia que no prestó la atención que merecía este sencillo proceso.

Qué es la maquetación.

La maquetación es la distribución de los elementos en un espacio determinado de la página, o lo que es lo mismo, el proceso de dar forma a un libro y dejarlo listo para ser publicado.

En este procedimiento se presta atención a aspectos tales como los márgenes, la tipografía, el espaciado entre líneas y párrafos, el estilo de títulos y subtítulos, los encabezados y pies de página, etc.

El objetivo de la maquetación es dar una coherencia de forma a todo el texto, es decir, elegir un estilo y garantizar que este se aplica de manera correcta a lo largo de todo el libro, de forma que el resultado final ayude a su comprensión y, en definitiva, a que la experiencia sea lo más agradable posible para el lector.

Quién debe ocuparse de la maquetación.

Por lo general, siempre que existe un profesional especializado en una determinada tarea —como es el caso de la maquetación—, recomiendo subcontratar y olvidarse. Si hay un tipo de profesional que ha hecho de dicha tarea, por sencilla que pueda parecernos, su modo de vida, es que esta debe tener su truco, y yo no soy de los que recomiendan aprender una nueva profesión para algo que vas a hacer, posiblemente, una sola vez en la vida.

Sin embargo, puesto que la maquetación es un procedimiento por el que puede que debas pasar en múltiples ocasiones para ir corrigiendo errores que encuentres tras la publicación de tu libro, actualizando apartados o ampliando contenido, vamos a ver las dos opciones: la subcontratación a través de Upwork y el *hazlo tu mismo.* De esta forma, podrás elegir una opción u otra según tus preferencias personales y tu caso particular.

1. Subcontratación: Upwork.

Al igual que hiciste con la edición de tu libro, lo único que tienes que hacer es publicar tu oferta de trabajo (la maquetación de tu libro) siguiendo los pasos que te va indicando la plataforma.

Descarta las ofertas de aquellos profesionales con menos experiencia (con menos de 10.000€ ganados), y a aquellos con un porcentaje de éxito por debajo del 90%.

De los profesionales que queden en pie, busca a aquellos que ofrezcan un precio razonable (alrededor de 75€ por ambas versiones: libro físico y digital) y que estén dispuestos a ayudarte con las correcciones posteriores sin volver a cobrarte el trabajo completo. Este punto es importante, porque si el *freelance* que contrates no te ayuda con las modificaciones que quieras hacer más adelante o si desaparece de la plataforma, tendrás que volver a contratar la maquetación completa. A mí me pasó y es por ello que, saltándome mis propias normas, en este caso particular decidí aprender a hacerlo por mí mismo.

2. Hazlo tú mismo.

En caso de que decidas apostar por el *do it yourself*, tan solo vas a necesitar dos cosas: una plantilla de Word y algo de paciencia.

Para la primera, te recomiendo echar un vistazo a Book Design Templates, una web especializada en plantillas para libros que cuenta con más de cincuenta diseños diferentes y cuyos precios oscilan entre los 29$ y los 59$ por licencia individual:

soykevinalbert.com/plantillas-bdt

Todas sus plantillas están preparadas para editar tu libro tanto en formato físico como en digital. Además, cuentan con buenos tutoriales para que puedas hacerlo de forma fácil, incluso aunque tus conocimientos de Word sean escasos.

Al igual que ocurría con Upwork, la página está en inglés. Recuerda que para poder leerla sin problemas tan solo tienes que presionar el icono de traducción situado en la barra de navegación de Google Chrome.

CAPÍTULO 13

Portada: lo quieras o no, te van a juzgar por la cubierta

(Paso 2)

Si, como explico en la primera sección, el título es el secreto nº1 para ser **encontrado** entre los millones de libros disponibles en Amazon, sin duda, la portada es el secreto nº1 para ser **elegido** entre todos ellos.

Puesto que la portada va a jugar un papel tan decisivo en el éxito de tu libro, **tienes que tomarte las cosas en serio**. Con esto quiero decir que no vas a diseñarla tú, ni tu cuñado que dibuja muy bien, ni tu prima que hizo la carrera de Bellas Artes... ¡ni nadie que no se dedique profesionalmente a diseñar portadas para libros!

Fíjate si esta parte es importante que, para asegurarnos de conseguir una buena portada (una que venda), no solo vamos a contratar a un profesional en diseño de gráfico, sino que... **¡vamos a contratar a cientos de diseñadores!**

Torneo de diseñadores.

Realmente me encantan los torneos y las competiciones, ya que me parecen una forma estupenda de sacar lo mejor de uno mismo. Es por ello que para conseguir la mejor portada posible para tu libro vas a poner a competir a decenas o cientos de diseñadores gráficos entre sí. Para ello, vamos a servirnos de la plataforma Freelancer que, aunque personalmente no me gusta tanto como Upwork, permite crear concursos o torneos.

Por qué un concurso.

Normalmente, para elegir al mejor *freelance* con el que trabajar, recomiendo hacer una búsqueda activa, tal y como te he explicado cuando trabajamos con Upwork. Sin embargo, en esta ocasión, además de al mejor *freelance* (que también), **lo que buscamos son ideas**, y cuantas más, mejor.

Pagar 50€ a un **buen profesional** y pedirle que nos proponga cien ideas diferentes para la portada de nuestro libro no es algo realista, por muy barata que sea la vida en su país de origen. Sin embargo, sí podemos esperar recibir una propuesta distinta de cien *freelancers* diferentes y otorgar un único premio de 50€ al mejor candidato.

Cómo crear un concurso.

Preparar un concurso en la plataforma Freelancer es muy sencillo. Accede a la página web *freelancer.es* y pincha en el botón «Publica tu proyecto» que aparece arriba a la derecha. Describe tu proyecto e indica qué habilidades deben tener los *freelancers* que participen (por ejemplo: diseño gráfico, ilustración, Photoshop, ...). Ahora te preguntará cómo te gustaría encargar el trabajo, es decir, si «Publicar un proyecto» o «Iniciar un concurso». Una vez hayas seleccionado «concurso», elige tu presupuesto, cuántos días quieres que dure la competición y si quieres que el premio esté garantizado[17].

Para que te hagas una idea, para la portada de este libro, puse 50€ de presupuesto, dejé abierta las participaciones durante siete días y seleccioné garantizar el premio. Con esta configuración, recibí 142 propuestas diferentes.

Para aumentar las posibilidades de conseguir la cubierta «perfecta» para tu libro, una que te enamore (al menos a ti), orientar a los participantes en el torneo es algo fundamental. Deben saber qué es lo que andas buscando. Esto, unido a una descripción del proyecto lo más detallada posible[18], se consigue con dos truquillos:

---

[17] Esto quiere decir que garantizas que, aunque ninguna propuesta llegue a convencerte del todo, elegirás una a la que otorgar el premio.

[18] A diferencia de Upwork, en Freelancer puedes escribir en español desde el principio.

1. Antes de publicar tu concurso, realiza una búsqueda de portadas en Amazon y en Google y ve guardando aquellas que más te gusten. Elige tanto portadas de libros relacionados con tu sector como de otros sectores. Una vez tengas un número considerable (al menos veinte), busca similitudes entre ellas. ¿Qué es lo que te ha llamado la atención? ¿Por qué has decidido guardarlas? Puede que te des cuenta de que todos los libros de tu género utilizan la misma gama de colores, que te atraen más los diseños minimalistas, que prefieres aquellos que incluyen ilustraciones, etc.

   Cuando subas tu propuesta a Freelancer incluye entre tres y cinco de tus portadas favoritas e indica qué es lo que te gusta de ellas. No olvides señalar que el diseño final debe incluir lomo y contraportada.

2. Entra en tu concurso al menos una vez al día y ve puntuando todas las propuestas que vas recibiendo. Es muy importante que, si hay una portada que te gusta mucho más que el resto, esta tenga mayor puntuación que las demás. Si tienes diez propuestas completamente diferentes con la misma puntuación, los nuevos candidatos no sabrán qué es lo que te gusta ni en qué elementos fijarse para empezar a diseñar. Cuando queda claro que hay una propuesta que te gusta por encima de las demás, todos empezarán a guiarse por ella y tratarán de mejorarla. Del mismo modo, si todavía no has recibido ninguna que te convenza del todo, procura no puntuar ninguno de los diseños con las cinco estrellitas. Esto propiciará que sigas recibiendo propuestas completamente originales.

Prepara tu encuesta.

Por si la posibilidad de crear un concurso no fuese ya algo brutal, una vez se haya cumplido el plazo que fijaste al crear tu proyecto tienes la posibilidad de crear una encuesta de forma automática para que tus amigos y conocidos te ayuden a elegir la propuesta ganadora.

Esta opción es muy interesante y te recomiendo usarla siempre, incluso aunque tengas claro cuál es el diseño que más te gusta. Imagina, por ejemplo, que una vez que lanzas tu encuesta, la propuesta que tú tenías en mente no recibe prácticamente votos, pero en cambio, hay una que parece gustar a todo el mundo. ¿No te haría replantearte las cosas? Recuerda que estás diseñando tu portada para aumentar las posibilidades de que tu libro sea el elegido entre el inmenso catálogo de Amazon y, si a un porcentaje importante de personas le gusta una misma propuesta, deberías al menos considerarla.

Antes de lanzar tu encuesta es importante que esperes a que primero se cumpla el plazo de tu concurso. Una vez cerradas las participaciones, dispones de hasta cuatro semanas para elegir la propuesta ganadora.

Crear y compartir tu encuesta es muy sencillo. La plataforma te dará la opción de incluir hasta ocho propuestas diferentes (aunque no tienes por qué seleccionar las ocho necesariamente). Cuando hayas marcado los diseños que quieres incorporar,

Freelancer te dará diferentes alternativas para compartirla. Te recomiendo que uses tanto la opción de enviar un email directamente a tus familiares y conocidos, como la de compartir el *link* a la encuesta en tus redes sociales. Después de hacerlo, espera entre cinco y siete días, no más, para consultar los resultados y tomar tu decisión final.

Cuando hayas elegido la propuesta ganadora, ya puedes premiar al autor del diseño y, en caso necesario, pedirle pequeños ajustes o modificaciones antes de que este entregue el trabajo final.

Es muy importante que te asegures de que el *freelance* te dé la portada en un **formato editable**, como Photoshop o InDesign. De esta manera, si en un futuro necesitas realizar algún cambio en el diseño, cualquier diseñador podrá ayudarte con dicha actualización. Además, recibirás un **contrato de propiedad intelectual** que garantiza que el trabajo te pertenece.

¡Y ya está!

Si has seguido mis indicaciones, en menos de 15 días y por unos míseros 50€ tendrás en tus manos una muy buena portada diseñada por un profesional, validada mediante encuesta y de la que posees todos los derechos por escrito. De nada.

Truco pro 1: para ahorrarte tiempo y gastos posteriores innecesarios de adaptación de tu portada al tamaño final de tu libro, sube la plantilla que te proporciona Amazon en el momento de crear tu concurso (junto con los diseños que incluyas en tu propuesta).

Para conseguir esta plantilla, entra en: *kdp.amazon.com/cover-templates*, elige el mismo tamaño que usaste para la maquetación de tu libro, indica el número de páginas de tu documento, selecciona el color del papel (blanco, crema o color) y pincha en «Descargar plantilla de cubierta».

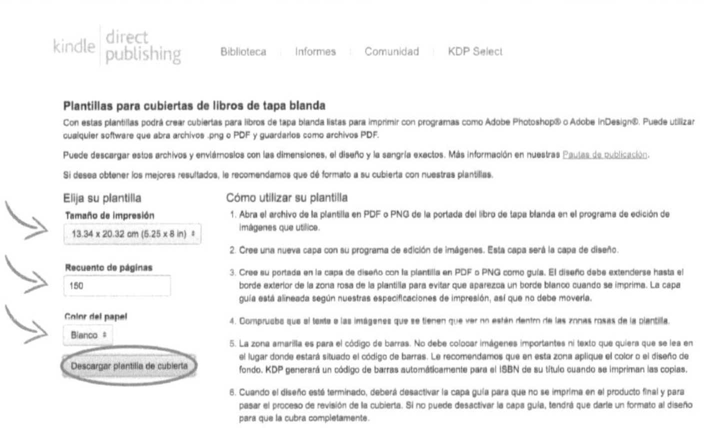

Opciones a rellenar para descargar la plantilla de tu cubierta.

Truco pro 2: para conseguir una mayor objetividad en los resultados de tu encuesta, antes de elegir las propuestas que incluirás en ella, asegúrate de que todas tienen el mismo formato, uno lo más simple posible. Lo ideal es un diseño en 2D y sin adornos adicionales. Si algunos de los diseños que quieres incluir en tu encuesta están representados en 3D o simulan estar colocados sobre un bonito escritorio (por ejemplo), pide a los autores de esas propuestas que vuelvan a subirlas en el formato simple que acabo de explicar.

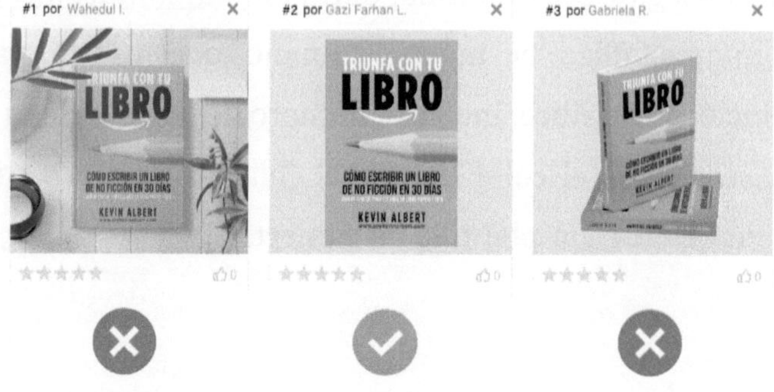

De izquierda a derecha: diseño con adornos, diseños 2D y diseño 3D.

CAPÍTULO 14

Descripción: tu mejor carta de ventas

(Paso 3)

Si has conseguido que tus lectores potenciales te encuentren gracias al título de tu libro y que muestren interés en él gracias al diseño de tu portada, es hora de venderles tu libro.

Para ello, vamos a utilizar una herramienta disponible para todos los autores de Amazon, pero de la que muy pocos saben cómo sacar el máximo partido: la descripción de tu libro.

Cuando acudimos a una librería en busca de un nuevo libro y vemos uno que nos llama la atención, ¿qué es lo primero que hacemos? Instintivamente le damos la vuelta y leemos su contraportada. En Amazon, esta función la va a desempeñar la descripción.

Misión de la descripción.

Puesto que no puedes estar presente en todas y cada una de las ocasiones en las que una persona se interesa por tu libro para explicarles todos los motivos por los que deberían elegirte a ti y no a tu competencia, será tu descripción la encargada de convencerles. Es decir, debe hacer el papel de un buen comercial o de una buena carta de ventas.

Cómo escribir una descripción perfectamente irresistible.

Para conseguir una descripción irresistible que enamore tanto a Amazon como a tus potenciales lectores, tan solo necesitas dos cosas: emplear unas sencillas reglas de *copywriting* (o escritura persuasiva) y aplicar una bonita estructura utilizando lenguaje HTML.

A) Copywriting.

La descripción de tu libro no está ahí para contarle al lector de qué va tu libro (que también), sino para **conseguir persuadirlo de que lo compre**.

Para lograrlo, vamos a valernos de 5 reglas básicas del *copywriting*:

1. **Emoción.**

En un libro de no ficción, considero que una de las mejores formas de comenzar una descripción es tocando los puntos de dolor de tu lector, los problemas a los que se enfrenta, especialmente si lo haces en forma de pregunta.

Por ejemplo, una buena forma de empezar la descripción para este libro podría ser:

¿Después de pasarte años escribiendo tu libro ninguna editorial quiere publicarlo?

Además, estas primeras palabras serán visibles nada más acceder a la página de tu libro en Amazon, sin necesidad de clicar sobre «Leer más» o tener que desplazarse hacia abajo. **Aprovéchalas bien**.

Parte visible de la descripción en la página de producto.

2. Autoridad.

Las personas buscamos a otras personas en las que confiar y seguir su ejemplo. Si no consigues mostrarte como un experto y/o generar empatía con tu lector, tienes pocas posibilidades de vender.

Explica al lector quién eres tú para escribir este libro. ¿Por qué deberían confiar en ti? Puede que tengas una carrera, un máster, un doctorado, que hayas ayudado a decenas o cientos de personas... o puede que «simplemente» hayas estado en su misma situación y la hayas superado con éxito.

3. Prueba social.

Contarles a tus lectores por qué eres *el no va más* está bien, pero si se lo cuentan otras personas, tu credibilidad se disparará vertiginosamente.

Precisamente, el hecho de poder leer qué opinan otros clientes de un libro u otro producto fue uno de los aspectos que convirtió a Amazon en el gigante que es hoy en día. Así que, si tienes ya alguna reseña de alguien que haya leído tu libro, puedes añadirla a tu descripción.

Si todavía no tienes ninguna o si recibes nuevos y/o mejores comentarios en Amazon, puedes volver más adelante y editar tu descripción para incluirlas y/o cambiar las anteriores. Entre tres y cinco reseñas en tu descripción es más que suficiente.

No tienes que copiar la reseña completa; escribe tan solo un resumen o la frase más destacada de esta con el nombre del autor. Cuanto más conocido sea, mayor será el poder que tendrá su comentario.

A mí, por ejemplo, me encanta incluir, siempre que puedo, a mi exprofesor y colega escritor, José María Aznar, entre mis reseñas. Sí, es solo pura casualidad que se llame como el expresidente del Gobierno de España... pero eso la gente no lo sabe ;)

4. **Beneficios.**

Cuando un lector busca en la sección de no ficción normalmente está intentando averiguar cómo dar solución a un problema o dolor determinado. Aliviarlo será el motivo principal que lleve a un usuario a comprar tu libro y no necesariamente tus habilidades literarias.

Los beneficios de tu libro serán pues las respuestas a los problemas de tus lectores. El lector debe de ser capaz de ver de un solo vistazo los beneficios que obtendrá tras haber leído tu libro, por lo que te recomiendo que los presentes mediante una lista numerada o con viñetas.

5. **Llamada a la acción.**

Como ya he dicho, tienes que ver la descripción como una carta de ventas. Por tanto, debes cerrarla con una llamada a la acción o CTA (*call to action*).

Necesitas terminar tu descripción con una frase que indique al lector qué tiene que hacer después de leer tu descripción, es decir, comprar tu libro:

Deja de hablar de aquello que harás algún día y... ¡HAZLO DE UNA VEZ!

Este también es un muy buen momento para volver a tocar un punto de dolor:

Si dejas pasar esta oportunidad, de aquí a un año seguirás lamentándote de aquello que pudo ser y no fue.

O añadir urgencia; otro recurso muy potente en *copywriting* —**siempre que sea verdad**:

¡No lo pienses más! El precio de lanzamiento termina esta semana.

Pon a trabajar tus dotes de escritor y recuerda: no vendas, haz que te compren.

B) HTML.

Ahora que ya tenemos una descripción perfectamente optimizada gracias a unas sencillas reglas de escritura persuasiva, es hora de vestirla para destacar. Para ello utilizaremos código

HTML, el lenguaje que se usa en las páginas web para dar formato a un texto (entre otras).

¿Que para qué sirve esto? Echa un vistazo:

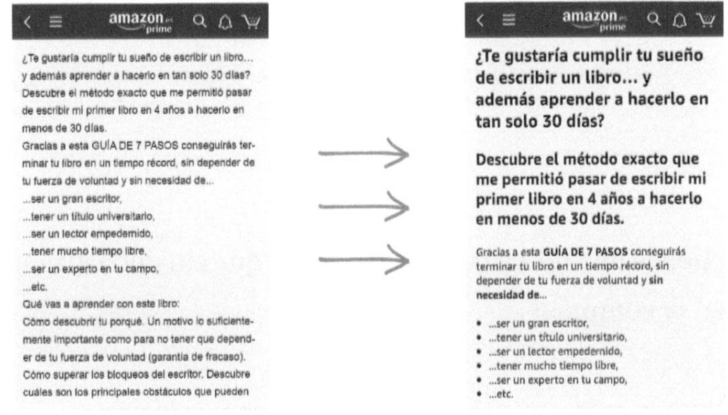

Descripción en texto plano (izquierda) y con lenguaje HTML (derecha).

Como podrás ver, el lenguaje HTML te permitirá cambiar el tamaño del texto, ponerlo en negrita, crear listas con viñetas, etc. Todo esto se traduce en una mayor retención y mejor comprensión por parte del lector, lo que sin duda repercutirá positivamente en tus ventas.

Y lo mejor de todo es que vas a poder hacerlo sin necesidad de aprender absolutamente nada de código HTML pues, aunque durante mucho tiempo era necesario utilizar un software externo para dar formato a nuestra descripción, KDP finalmente decidió integrar esta opción y ahora podemos hacerlo directamente desde la propia plataforma de forma extremadamente sencilla, como si de un documento Word se tratase:

Ya tienes una descripción irresistible que sin duda atraerá miradas... ¡y compras!

¿Quieres más ventas? Veamos cómo conseguirlas.

CAPÍTULO 15

Palabras clave: haz que te ~~encuentren~~ compren

(Paso 4)

Tanto si ya eres un autor conocido como si vas a lanzarte con tu primera obra, las palabras clave son un aspecto fundamental en la estrategia de marketing de tu libro.

El **uso correcto** de estas palabras clave en Amazon permitirá que tu libro sea encontrado y **comprado** por cientos de miles de lectores de todo el mundo. Si tienes o planeas escribir un libro alucinante pero no sabes cómo hacer para que Amazon se lo muestre a los **lectores adecuados**, estas serán tus mejores aliadas.

Qué son las palabras clave.

Cuando una persona decide comprar un nuevo libro en Amazon, entra en la plataforma y escribe en la barra de búsquedas aquello que le gustaría encontrar. Amazon utiliza los caracteres que el usuario ha introducido para decidir qué libros mostrarle. Los términos o frases que las personas utilizan para realizar una búsqueda es lo que se conoce como palabras clave o *keywords*.

Cómo encontrar palabras clave RENTABLES.

Ahora ya sabes qué son las palabras clave y por qué son tan importantes, pero antes de que puedas ponerte a elegir las mejores *keywords* para tu libro, primero deberías saber qué es lo que hace que una palabra clave sea **rentable**, porque no es lo mismo que te encuentren a que te compren.

Para que una palabra clave sea rentable debe cumplir 3 requisitos:

1. Que tenga un volumen de búsquedas suficiente.
2. Que no tenga demasiada competencia.
3. ¡Que los lectores estén dispuestos a pagar por ella!

1. Cómo encontrar *keywords* con un volumen de búsquedas suficiente.

Para que tu libro pueda ser descubierto por los lectores adecuados, necesitas saber qué términos utilizan a la hora de realizar su búsqueda en Amazon. Para ello, lo primero es ponerte en la piel de tus lectores potenciales y hacer una lista de los términos que pienses que podrían emplear para buscar tu libro. Suelen ser palabras o frases asociadas a la temática de tu obra, soluciones que aportas o resultados que obtendrá si pone en práctica lo aprendido en ella.

Por ejemplo, para este libro que tienes entre manos, una palabra clave evidente relacionada con su temática podría ser «publicar un libro» o «autopublicar un libro», mientras que una menos obvia relacionada con los posibles beneficios obtenidos tras su lectura podría ser «ingresos pasivos» o «dinero extra».

Una vez has escrito esta primera lista de palabras clave que **crees** que tus lectores potenciales podrían emplear para encontrarte, tendrás que **verificarlas**.

Para corroborar que tu lista es acertada, utiliza la **barra de búsquedas de Amazon** y empieza a escribir **lentamente** cada una de las palabras o frases clave que tienes anotadas. Es necesario que vayas tecleando los caracteres poco a poco para ver si Amazon te sugiere el término que ibas a introducir antes de terminar de escribirlo. Si es así, significa que efectivamente hay un volumen importante de personas que utilizan esas mismas palabras a la hora de realizar sus búsquedas.

Siguiendo con el ejemplo anterior, digamos que has pensado que «publicar un libro» puede ser una buena palabra clave, así que vas la barra de búsquedas de Amazon y empiezas a introducir los caracteres poco a poco. ¿Qué ocurriría? Como puedes en ver la imagen que aparece debajo, cuando todavía vayas por «pub», Amazon ya te lanzará varias sugerencias relacionadas con la palabra clave que ibas a escribir.

Barra de búsquedas predictiva de Amazon.

¿Qué conclusiones podríamos sacar en este punto? Primero, que efectivamente «publicar un libro» es una palabra clave que un volumen importante de personas busca en Amazon, ya que si no fuera así, no nos la mostraría. Y segundo, que «publicar en Amazon» tiene un mayor volumen de búsquedas.

Amazon no nos informa de qué cantidad de personas buscan una determinada palabra, pero sí nos ordena los resultados por volumen de búsquedas. Por tanto, a priori y antes de analizar en profundidad ambas palabras clave, «publicar en Amazon» sería más interesante (más búsquedas) que «publicar un libro». Pero como las dos han aparecido como sugerencias, apunta ambas en tu lista para la siguiente parte del análisis.

Si alguna de las palabras que tenías apuntadas no aparece como sugerencia al escribirla en Amazon, entenderemos que no tiene un volumen de búsquedas suficiente y la descartaremos.

Consideraciones a tener en cuenta:

1. Asegúrate de que estás usando el *modo incógnito* en tu navegador; de lo contrario, los resultados se verán afectados por tus búsquedas previas y no serán fiables. Para hacerlo, tan solo tienes que pulsar «Archivo» en la barra superior de tu navegador (Safari, Chrome, Firefox, ...) y seleccionar «Nueva ventana de incógnito» (o privada).

2. Elige «Tienda Kindle» en la barra de búsquedas de Amazon antes de comenzar tu investigación. Te interesa saber qué palabras son populares en tu sector (libros o *eBooks*), no en todo Amazon. Por defecto, estará en «Todos los departamentos».

Barra de búsquedas seleccionada para Tienda Kindle.

3. Realiza tu investigación en el marketplace específico que quieres investigar (amazon.com, amazon.es,

amazon.de, amazon.it, etc.), pues son mercados distintos y las palabras sugeridas pueden variar.

Una vez hayas seleccionado tus palabras o frases clave, vuelve a introducirlas en Amazon y añádeles una letra del alfabeto. Empieza por la A y termina por la Z.

Ejemplo:

- Publicar en Amazon a
- Publicar en Amazon b
- Publicar en Amazon c
- Etc.

Mira las sugerencias que va proponiendo Amazon. ¿Ves algo interesante?

Esta es una forma genial de dar con muy buenas (y rentables) palabras clave que nunca se te habrían podido ocurrir de otra manera. Además, si Amazon te las sugiere significa que tienen un volumen importante de búsquedas.

2. Cómo saber qué *keywords* tienen menor competencia.

Saber qué palabras clave son las más buscadas es muy importante, pero si no sabemos la competencia a la que nos enfrentamos con cada una de ellas estaríamos tomando decisiones con los ojos vendados.

Por suerte, para conocer el nivel de competencia podemos utilizar una estrategia muy sencilla. Lo único que tienes que hacer, siguiendo las consideraciones que he comentado en el punto anterior, es escribir tus palabras clave en la barra de búsquedas de Amazon y anotar el número de resultados que arroja.

Número de resultados arrojados para la búsqueda «publicar un libro».

Si comparásemos las dos palabras clave del punto anterior, obtendríamos los siguientes resultados:

- Publicar un libro: 533 resultados.
- Publicar en Amazon: 117 resultados.

Con este sistema tan rudimentario, hemos descubierto que «publicar en Amazon» no solo tiene un mayor volumen de búsquedas que nuestra palabra clave original, «publicar un libro», sino que además tiene menos de la mitad de competencia. ¡*BOOM*!

Ya tienes una lista de palabras clave con un volumen de búsquedas importante y clasificadas por su nivel de competencia.

Solo nos quedaría por saber qué palabras clave tienen un mayor potencial para generar ventas.

3. Cómo encontrar *keywords* por las que los lectores paguen.

Ya sabemos qué palabras clave de nuestra lista son las que más buscan los lectores y cuáles tienen una menor competencia. Estupendo. Pero, ¿de qué nos sirve esto si no se traduce en ventas?

Este paso es el más laborioso, pero es muy sencillo y sin duda el más importante. Para conocer el potencial de ventas de una palabra clave:

a) Introduce la palabra clave en la barra de búsquedas de Amazon teniendo en cuenta las consideraciones ya mencionadas.

b) Anota la posición en el ranking de Amazon de los diez primeros libros que arroje tu búsqueda. Para hallar esta posición tienes que pinchar sobre el libro en cuestión y bajar hasta «Detalles del producto». Aquí verás el ranking de ese libro en sus categorías específicas y en la **clasificación general en los más vendidos**

de Amazon o ABSR[19]. Esta última es la que buscamos.

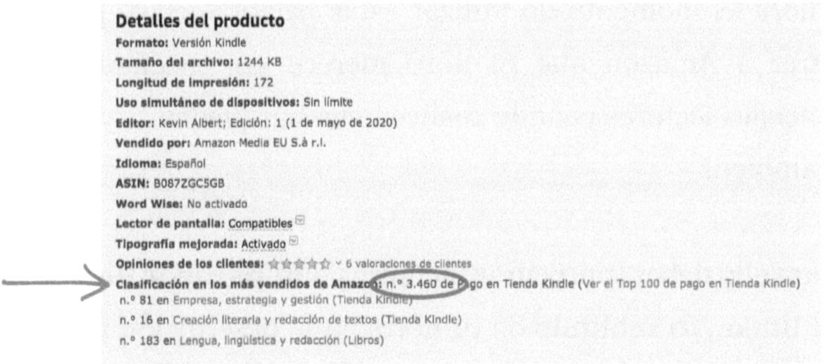

Detalles del producto
Formato: Versión Kindle
Tamaño del archivo: 1244 KB
Longitud de impresión: 172
Uso simultáneo de dispositivos: Sin límite
Editor: Kevin Albert; Edición: 1 (1 de mayo de 2020)
Vendido por: Amazon Media EU S.à r.l.
Idioma: Español
ASIN: B087ZGC5GB
Word Wise: No activado
Lector de pantalla: Compatibles
Tipografía mejorada: Activado
Opiniones de los clientes: 6 valoraciones de clientes
Clasificación en los más vendidos de Amazon: n.° 3.460 de Pago en Tienda Kindle (Ver el Top 100 de pago en Tienda Kindle)
n.° 81 en Empresa, estrategia y gestión (Tienda Kindle)
n.° 16 en Creación literaria y redacción de textos (Tienda Kindle)
n.° 183 en Lengua, lingüística y redacción (Libros)

Localización del ABSR (clasificación general en los más vendidos de Amazon).

c) Suma las posiciones de estos libros y divide el resultado entre 10.

Compara este resultado para las diferentes palabras clave analizadas. Aquellas con un número menor serán las que mayor potencial de ventas tengan.

Truco pro: si quieres agilizar todo este proceso y además te interesa saber, entre otras cosas, cuánto gana tu competencia con sus libros (yo es que soy muy cotilla), te recomiendo que no te pierdas la herramienta Publisher Rocket:

soykevinalbert.com/rocket

---

[19] *Amazon Bestseller Rank.*

Ya tienes tus *keywords* rentables listas. ¿Y ahora qué?

Ahora es momento de utilizar estas palabras clave para demostrar a Amazon que tu libro merece ser enseñado a tus potenciales lectores cuando realicen sus búsquedas... ¡y cuando no, también!

Para ello deberás procurar incluirlas, **sin parecer un robot**, en el título y/o subtítulo de tu libro, en la descripción y, obviamente, en el apartado reservado expresamente a tus palabras clave.

Cuando estés subiendo tu libro a KDP, encontrarás un espacio en el que podrás introducir hasta siete palabras clave. Si has hecho bien tu investigación, este apartado tiene un potencial de valor incalculable. No lo desperdicies.

CAPÍTULO 16

Categorías: mejora tu ranking y vende más libros

(Paso 5)

Las categorías que elijas para tu libro cuando lo subas a KDP tendrán un efecto directo en el potencial de convertirte o no en un autor *bestseller*. No existe forma más sencilla de hacer de tu libro un superventas que a través de una acertada elección de categorías. De la misma manera, si eliges las categorías equivocadas, tus posibilidades de alcanzar dicho reconocimiento pueden esfumarse por completo.

En el universo de Amazon es mucho mejor ser un pez grande en un estanque pequeño que un pez pequeño en el océano Pacífico. La buena noticia es que el algoritmo de Amazon, una vez que hayas conquistado el estanque pequeño, impulsará tu presencia en el Pacífico.

Qué importancia tiene ser un *bestseller* en Amazon.

Ser *bestseller* en Amazon no es solo una cuestión de ego, sino **que te ayudará a vender más libros**. Son varios los factores que hacen que esto sea posible:

- El propio **algoritmo de Amazon** hará que tu libro tenga una mayor exposición por el simple hecho de ocupar las primeras posiciones de una categoría.

- Las **búsquedas por categorías** de muchos lectores harán que tu libro sea descubierto por personas que de otra forma no te habrían encontrado.

- La **«banderita» de *bestseller*** que Amazon añadirá a tu libro de forma automática una vez que hayas alcanzado la primera posición en alguna categoría, aumentará tu ratio de conversión impresiones/ventas. Es decir, al mismo número de impresiones (visualizaciones) de tu libro, se producirán más ventas.

Seguro que has oído aquello de que son las canciones que salen en la radio las que se convierten en un éxito y no al revés (como debería de ser). Pues con Amazon pasa algo parecido, pero a diferencia de lo que ocurre en la industria discográfica, sin que tengas que pagar por ello ni hacerle ningún favorcillo a nadie.

Ser un bestseller te hará vender más libros, y viceversa.

Qué es necesario para ser bestseller en una categoría de Amazon.

En primer lugar, es fundamental que comprendamos bien qué significa el **ABSR o clasificación en los más vendidos de Amazon**. Este número (que ya utilizamos en el capítulo anterior para dar con las palabras clave más rentables) depende las ventas y/o descargas que ha tenido un libro en un período de tiempo determinado en comparación con el resto de libros de Amazon. A mayor número de ventas/descargas, menor ABSR.

Digamos que, en un momento determinado, tu libro tiene un ABSR de 100. Esto querría decir que tan solo hay 99 libros más en todo Amazon que se están vendiendo mejor que el tuyo. Si tu ABSR fuese de 1.000, habría 999 libros vendiéndose mejor que tu obra, y así sucesivamente.

De esta forma, si tienes el ABSR más bajo de todos los libros dentro de una determinada categoría, serás el nº1 en esa categoría. Así de simple.

Ejemplo: si eliges una categoría en la que el nº1 tiene un ABSR de 500, para alcanzar el primer puesto tu libro deberá tener un ABSR menor o igual a 499.

Por tanto, las categorías que eliges cuando subes tu libro a KDP tienen un impacto directo en tus posibilidades de llegar a ser autor *bestseller*.

Cómo encontrar las mejores categorías.

Para dar con las categorías más apropiadas y con mayor potencial de convertir tu obra en un *bestseller,* tan solo debes seguir tres sencillos pasos:

1. Encuentra las posibles categorías para tu libro.

Para hallar estas posibles categorías debes dirigirte al apartado «Detalles de producto» de otros libros similares al tuyo (pueden ser competencia directa o no) e ir apuntado las categorías en las que estos aparecen clasificados. Verás que cada libro está incluido en dos o tres categorías diferentes.

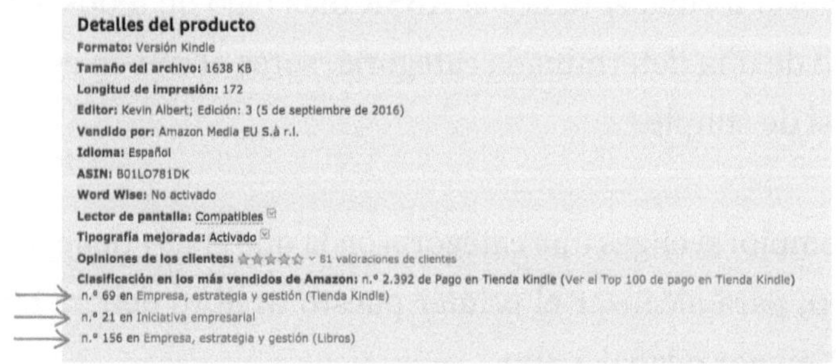

Localización de las categorías en «Detalles del producto».

Procura hacer una lista de al menos 5 posibles categorías.

2. Investiga el libro nº1 de cada categoría.

Ahora que ya tienes tu lista de posibles categorías, es hora de averiguar cuáles tienen un mayor potencial de convertirte en *bestseller*.

Para ello, lo primero es entrar en la lista de los más vendidos de cada una de estas categorías haciendo clic sobre el nombre de dicha categoría en el apartado «Detalles de producto» de los libros que has investigado.

Una vez dentro, pincha sobre el libro que ocupe el puesto nº1 en cada una de estas categorías y anota su ABSR. Ese es el ABSR que tendrías que superar para colocarte como *bestseller* en dicha categoría. Cuanto mayor sea el ABSR, más fácil te será alzarte como nº1.

Truco pro: Si usas Publisher Rocket, además de ahorrarte muchas horas de trabajo podrás saber el número de libros que necesitas vender en veinticuatro horas para conseguir llegar a la primera posición de cada categoría.

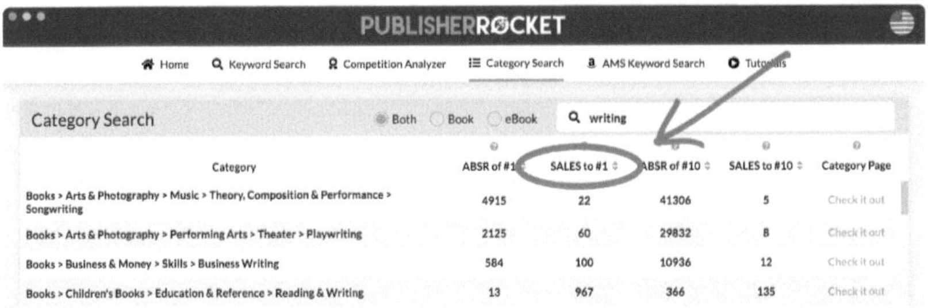

PUBLISHERROCKET

Home · Keyword Search · Competition Analyzer · Category Search · AMS Keyword Search · Tutorials

Category Search — Both · Book · eBook — writing

Category	ABSR of #1	SALES to #1	ABSR of #10	SALES to #10	Category Page
Books > Arts & Photography > Music > Theory, Composition & Performance > Songwriting	4915	22	41306	5	Check it out
Books > Arts & Photography > Performing Arts > Theater > Playwriting	2125	60	29832	8	Check it out
Books > Business & Money > Skills > Business Writing	584	100	10936	12	Check it out
Books > Children's Books > Education & Reference > Reading & Writing	13	967	366	135	Check it out

Y eso es todo. Con esta pequeña investigación que acabas de realizar ya sabes qué categorías son las más adecuadas para la temática de tu libro y, lo más importante, cuáles son las que tienen más posibilidades de auparte como autor *bestseller:* las que tienen un ABSR más alto.

Ahora tan solo debes elegir tus tres favoritas y añadirlas en la sección correspondiente cuando subas tu libro a KPD.

CAPÍTULO 17

Precio: estrategias y promociones

(Paso 6)

Ya casi has terminado. El último apartado que tendrás que rellenar cuando subas tu libro a KDP es el precio de tu libro. Porque sí, a diferencia de lo que ocurre cuando publicas con una editorial, en Amazon el precio lo eliges tú.

¿Esto es bueno? Mucho.

Pero antes de pasar a los aspectos técnicos, déjame que te cuente una historia:

> En una ocasión, mi primo me preguntó si podría reunirme con un amigo suyo, neurocirujano y escritor. Según me contó, había publicado su primer libro con una editorial, pero estaba planteándose publicar el segundo a través de Amazon y no sabía cómo hacerlo ni si era una buena idea. Por supuesto, le dije que no había ningún problema en tomarme un café con él y ayudarle en lo que estuviese en mi mano.

A los pocos días recibí una llamada suya y quedamos en una de mis cafeterías favoritas (de esas donde a veces aprovecho para escribir). Para mi sorpresa, yo me había preocupado más en informarme sobre él y sobre su libro de lo que se había informado él sobre mí.

Lo primero que me dijo una vez estuvimos sentados fue: «así que tienes un libro en Amazon, por lo que me ha dicho tu primo». La cosa no pintaba demasiado bien.

Me confesó, aunque yo ya lo sabía, que su libro en realidad no se lo había publicado ninguna editorial, sino que se había gastado más de 6.000€ con el *timo de la imprenta* y que solo había conseguido vender unas cien unidades. Este era el único motivo de haberse interesado en hablar conmigo: mi primo le había dicho que yo había publicado «seguramente» sin gastarme mucho dinero y él, que iba a publicar su nuevo libro sí o sí (aunque no concibiese poder sacar beneficios con él), quería saber si era posible ahorrarse unos cuantos euros.

Partiendo de esta base, en la que lo único que esta persona sabía de mí era que había publicado un libro en Amazon sin invertir demasiado, mis recomendaciones no servían de mucho, pues yo no tenía autoridad ninguna ante sus ojos. Aquello, más que una sesión de asesoría gratuita, parecía una reunión de amigos en la que cada uno defiende su punto de vista. Muy entretenido, sí, pero carente de valor alguno.

Al final, decidí relajarme y disfrutar de mi café mientras mantenía una conversación amena con una persona muy interesante. Yo no estaba allí para demostrar nada y mi ego estaba muy tranquilo. Sin embargo, poco antes de despedirnos salió el tema del precio y la cosa cambió. Cuando ya habíamos pedido la cuenta, me dijo:

- Por curiosidad, ¿por cuánto estás vendiendo tu libro?
- Pues, ahora mismo, tengo el Kindle a 10€ y el tapa blanda a 30€.
- ¡¿Cómo?! ¡¿30€?! ¡¿Pero cuántas páginas tiene tu libro?!
- Unas 170, si no me equivoco.
- Mira, te voy a decir una cosa: mi libro tiene más de 400 páginas y vendiéndolo a 14,99€ no he conseguido vender ni cien unidades en más de tres años. Con ese precio no vas a vender nada.

Es cierto que yo no estaba allí para demostrarle nada a nadie, pero presentándose la situación como se había presentado... hablarle de mis ventas fue algo muy satisfactorio :)

La cara realmente se le transformó y, en ese momento, inició un debate (más bien consigo mismo) en el que, por un lado, me explicaba «a mí» por qué «yo» no podía estar vendiendo esa cantidad de libros y, por otro, me preguntaba cómo lo había conseguido (¿?).

Este neurocirujano-escritor trataba de explicarme bastante nervioso que un libro se vende al peso (seguramente eso fue lo que le explicaron a él los de la «editorial») y que, por tanto, el mío «tenía que ser» mucho más barato si quería venderlo.

Intenté explicarle el **concepto de valor** de diferentes maneras, pero no había forma de hacérselo ver. Finalmente, tomé una servilleta del dispensador (de esas que necesitas veintitrés para limpiarte las manos), fingí que escribía algo en ella, la plegué y le dije mientras se la acercaba deslizándola sobre la mesa:

- Imagina que en esta servilleta está escrita la fórmula que permite transformar el agua en oro. ¿Cuánto me pagarías por ella?
- Todo lo que tenga —me contestó sin pensarlo demasiado.
- ¿Me pagarías 30€?
- Te doy mi casa ahora mismo.
- Pero... esta servilleta pesa muy poco.

Creo que no le supo demasiado bien mi metáfora de la servilleta y que le hiciese ver la incoherencia del punto de vista que defendía, porque lo siguiente que me dijo fue: «a 30€ vas a vender muy poquitos libros», se levantó a pagar la cuenta antes de que el camarero tuviese tiempo de acercarla, se despidió cordialmente y nunca más volvió a ponerse en contacto conmigo.

¿Con esta historia te estoy queriendo decir que puedes poner el precio que quieras a tu libro sin importarte lo que hace el resto del mercado?

No.

Pero sí quiero que entiendas que el precio que fijes para tu libro debe tener un porqué y, especialmente, si estamos hablando de un libro de no ficción, no debe estar basado exclusivamente en su peso.

Cómo fijar el precio de tu libro.

Al igual que el propio proceso de escribir, fijar el precio de tu obra es mitad arte, mitad ciencia. Los aspectos a tener en cuenta a la hora de dar con el importe más adecuado realmente son muchos, pero vamos a ver los que yo considero **los 3 más importantes**:

1. Tus objetivos.

El primer paso para dar con el precio más adecuado es preguntarte a ti mismo cuál es el objetivo de tu libro:

a) Puede que veas tu libro como una inversión o un mini-negocio en sí mismo y lo que quieras sea conseguir los máximos beneficios posibles con sus ventas, en cuyo caso seguramente deberías encontrar la mejor relación precio/ventas/ingresos.

   Es decir, por lo general y como es lógico, a mayor precio, menos ventas, y a menor precio más ventas. Esto está claro, pero, ¿con qué relación precio/ventas conseguiremos mayores ingresos a final de mes?

b) También es posible que veas tu libro como una forma de hacer llegar tu mensaje y ayudar al máximo número de personas sin importarte los beneficios obtenidos con su venta. Si este es tu caso, parece lógico que cuanto más barato sea tu libro, más personas serás capaz de alcanzar.

   CUIDADO: alguien que compra un libro por el simple hecho de que es barato —compra en caliente o impulsiva—, es menos probable que acabe leyéndolo. Además, un precio reducido puede transmitir baja calidad y que esto se refleje en tus reseñas, con lo que a largo plazo acabarías vendiendo menos.

c) Lo más seguro es que el objetivo de tu libro esté en un punto intermedio. Tal vez quieras llegar al máximo número de personas posible sin importarte los beneficios por la venta directa de tu libro, pero... que también esperes conseguir esos beneficios, o más, utilizando tu libro como un medio de captación de clientes a los que venderles después otros productos o servicios; puede que quieras usarlo a modo de currículum para conseguir un nuevo trabajo o un ascenso en tu actual empresa... Las posibilidades son realmente variadas, **lo importante es que tengas claro tu porqué**.

2. La competencia.

Echar un ojo a nuestra competencia es la forma más rápida de hacernos una idea de los precios en los que se mueven el resto de libros dentro de nuestras mismas categorías. Es un muy buen punto de partida para evitar quedarnos cortos o pasarnos de largo.

Pero tampoco te obsesiones con esto. Es solo una referencia. He tenido clientes a los que les aterraba poner el mismo precio que el de otros libros de autores conocidos o de muchas más páginas que el suyo y acababan poniendo su precio únicamente atendiendo a este criterio y sin ninguna estrategia en mente. **Tienes que quitarte ese miedo**.

Amazon ha democratizado tanto la publicación como la venta de libros: no es que puedas publicar tu libro igual que lo hacen tus autores favoritos... ¡es que puedes ponerte por delante de ellos y batirlos en ventas!

A diferencia de lo que ha ocurrido siempre en las librerías tradicionales, donde el puesto destacado (esa estantería reluciente y bien iluminada situada justo a la entrada de la tienda, repleta de arriba a abajo de un único libro) estaba reservado para el gran autor que una gran editorial había decidido promocionar ese mes, en Amazon ese puesto, que no es ni más ni menos que aparecer el primero de la lista cuando un lector realiza una búsqueda (ya sea mediante palabras clave o por categorías), **está reservado... al mejor libro**. No al autor más conocido ni a la editorial que más haya pagado por estar ahí. Si tu libro es el mejor, no importa que sea la primera vez en tu vida que decides publicar ni que no te conozcan ni en tu casa, **aparecerá el primero de la lista**. A la vista de todo el mundo.

¿Y cómo decide Amazon quién es el mejor? Muy fácil: **a base de estrellitas**[20]. Esta es la forma que tienen los lectores en Amazon de mostrar su grado de satisfacción. A más estrellas, más contentos, siendo cinco la máxima puntuación.

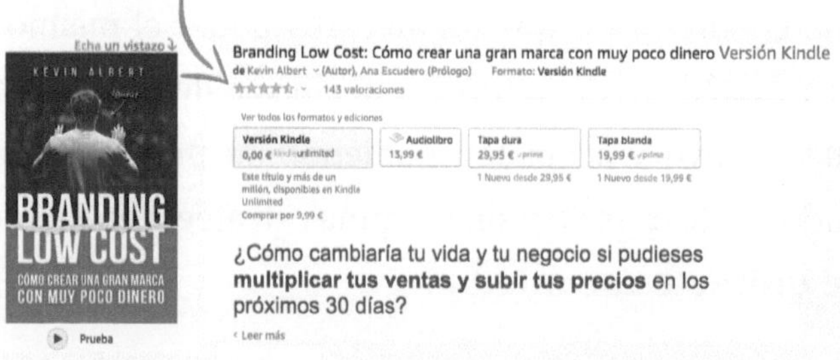

Localización de la puntuación o «estrellitas» en la página de producto.

---

[20] Son varios los factores que afectan al puesto que ocupa un libro en Amazon, pero las estrellitas juegan un papel primordial.

Esto, además, juega a tu favor como autor novel por una cuestión de expectativas. Cuando vemos una película en la que tenemos puestas muchas esperanzas porque aparece nuestro actor favorito, es más fácil que nos defraude. Sin embargo, la primera vez que nos «arriesgamos» a invertir nuestro dinero en una película o un libro de un autor desconocido, no tenemos unas expectativas formadas todavía y será más difícil defraudarnos. Por si fuera poco, parece que los lectores también son más permisivos en aspectos como la calidad de impresión o pequeños errores gramaticales, por ejemplo, con los autores autopublicados en comparación con las grandes editoriales, a las que prácticamente se les exige la perfección.

Por si todavía te genera algo de inquietud el poner tu libro al mismo precio que los «grandes escritores», recuerda que yo puse mi primer libro no al mismo precio que la competencia, ¡lo puse exactamente al doble! 10€ el Kindle y 30€ el tapa blanda.

Esta estrategia, aunque arriesgada, tenía un porqué. Primero, para diferenciarme, ya que un libro de un autor desconocido al doble de precio que el resto de obras de autores reconocidos inevitablemente hará que el lector se pregunte: «¿qué diablos tendrá este libro?» (para esto es importante tener buenas reseñas); y segundo, porque yo sabía que mi libro aportaba mucho, pero mucho, valor en comparación con el resto de libros de *branding* del mercado, que parece que hablen exclusivamente para empresas del tamaño de Coca-Cola.

¡Ojo! Si decides poner un precio más alto que el de tu competencia para aumentar el valor percibido, asegúrate de que el valor real no defraude a tu lector.

En cualquier caso, la estrategia más empleada en relación al precio de tu competencia y que además te permitirá dormir tranquilo por las noches (creo que a mí me gusta demasiado el peligro), es lanzar tu libro con un precio algo inferior y cuando alcances un número de reseñas considerable —al menos la mitad de las de la competencia—, lo subas hasta igualarlo.

3. El valor que aportas.

Como le explicaba al amigo de mi primo, a la hora de poner el precio de tu libro, uno de los factores que debes tener en cuenta, especialmente si es de no ficción, es el valor que aporta al lector.

La lógica y las estadísticas de Amazon señalan que estamos dispuestos a pagar más dinero por un libro de no ficción que por uno de ficción. O lo que es lo mismo: estamos dispuestos a pagar más dinero por aliviar un dolor que por pasar un buen rato.

Así que, antes de ponerle precio a tu obra, pregúntate: «¿qué es capaz de hacer mi libro por el lector? ¿Hay algún otro libro en el mercado que aporte lo mismo?». Con esto no quiero decir que tu libro tenga que presentar una solución o idea completamente novedosa. A veces, contar lo mismo desde una perspectiva diferente o con una mejor estructura ya puede aportar de por sí un valor incalculable.

Ahora, ¿quiere decir esto que si tu libro es capaz de solucionar un problema existencial puedes ponerle el precio que quieras? No. Lo que significa es que puedes poner un precio «alto» en relación a tu competencia.

Aunque yo pagaría con gusto más de mil euros por algunos de los libros de mi estantería (me han hecho ganar mucho más que eso), si de verdad quieres vender, tendrás que ponerle un «precio de libro». Todo lo alto que quieras, pero de libro.

Incluso si conocieses el secreto para comer sin engordar, algo por lo que millones de personas darían su brazo derecho, el precio de tu libro tendrá que ajustarse a los estándares esperados. Mi recomendación en este caso sería tal vez utilizar tu obra para posicionarte como experto y conseguir clientes para una consultoría personal o para una de tus conferencias pues, estas sí, puedes cobrarlas al precio que quieras. Es triste que tenga que ser así, pero es a lo que estamos acostumbrados.

Yo he ido (invitado) a conferencias de más de 3.000€ y en ninguna de ellas he aprendido más de lo que ya sabía gracias al libro, de menos de 30€, del autor que impartía la charla.

Estrategias psicológicas.

Veamos ahora dos simples estrategias psicológicas que te ayudarán a vender más libros.

a) La magia del '99.

Nos guste o no, esta burda estrategia que empezó a usarse en el siglo XIX sigue teniendo un importante impacto sobre nuestros hábitos de compra.

Si fijas el precio de tu libro en 5€, por ejemplo, venderás menos que si lo pones a 4,99€. Así de simple. Desde un punto de vista lógico, esto no tiene sentido: 4,99€ es solo un céntimo menos que 5€, algo que no supone absolutamente nada para nuestra economía personal. Sin embargo, nuestro cerebro lo interpreta de manera diferente:

Puesto que leemos de izquierda a derecha, nuestro cerebro, al que le encanta simplificar las cosas, se enfoca en el número delante de la coma. De esta forma, cuando el precio comienza con el 4, el cerebro lo incluye en la categoría de los cuatros (4 euros y fracción) y, en el caso de un precio a partir de 5, lo incluye en la categoría de los cincos.

Otra hipótesis dice que los precios que terminan en 99 céntimos los asociamos con descuentos o promociones puntuales. Y cuando pensamos que estamos ante una promoción, estamos más dispuestos a comprar ahora.

Truco pro: cuando finalmente hayas decidido el precio al que quieres vender tu libro y lo introduzcas en la casilla correspondiente de KDP, no cometas el error de dejar que la propia plataforma haga el cálculo del mismo en el resto de mercados basándose en tu mercado principal (que lo eliges tú). Si, por ejemplo, has decidido usar la estrategia del '99, aplícala manualmente a todos los mercados disponibles. Te llevará menos de un minuto y supondrá una gran diferencia al cabo del año. Solo tienes que pinchar sobre «Otros mercados» y se desplegará una lista con todos los países disponibles.

Pincha aquí para editar el precio en el resto de mercados.

b) Multiprecios.

Si has escrito o planeas escribir más de un libro, puede parecerte una buena idea fijar el mismo precio (aquel que mejor te funcionó en otras ocasiones) para todos, especialmente si tienen la misma temática y una longitud similar. Esto acabará repercutiendo negativamente en tus ventas.

Usar lo que se conoce como un marco de precios múltiples te ayudará a beneficiarte de la **percepción de valor** de los diferentes clientes. Por ejemplo, si pones un libro a 11,99€ y otro a 19,99€, gracias a la comparación de precios que se produce de manera inconsciente en el cerebro del consumidor, atraerás tanto a aquellos lectores que van a la caza de una ganga como a aquellos que prefieren la opción premium.

Experimenta.

Una de las cosas buenas de Amazon es que puedes cambiar el precio de tu libro cuando quieras y todas las veces que quieras.

Puedes empezar fijando el precio de tu obra siguiendo las recomendaciones que te he aportado en este capítulo o puedes hacer justo lo contrario y pasar olímpicamente de mis consejos. Al fin y al cabo, no existe un precio perfecto y por mucho que yo pueda contarte o por muchos casos de éxito que pueda enseñarte, nada podrá sustituir el poder de la experimentación.

¿Eres de los que piensa que el precio de tu libro debe basarse en el número de páginas o palabras? Adelante. El propio Amazon te mostrará tablas de precios atendiendo a este criterio.

¿Has leído en algún lado que el *eBook* debe valer la mitad que el libro físico? Pruébalo.

¿Por el contrario piensas que, si les pones precios similares, por comparativa, se dispararán las ventas del tapa blanda? Inténtalo a ver qué pasa.

Permítete hacer pruebas y no tengas miedo a equivocarte. En el peor de los casos, tendrás un mes de ventas (o beneficios) más flojito y al mes siguiente[21] puedes volver a poner otra combinación de precios (Kindle y tapa blanda) que te haya funcionado mejor anteriormente o intentar algo totalmente nuevo.

¿Quieres saber un secreto? Me he dado cuenta de que cada vez que hago una pequeña modificación en KDP, ya sea arreglar algún error en la descripción, subir una nueva portada o variar el precio de uno de mis libros, esa semana las ventas suben. No me preguntes por qué, pero **al algoritmo de Amazon le gustan los cambios**. Si eso no te anima a experimentar, no sé qué otra cosa puede hacerlo.

Promociones.

Estar inscrito en el programa KDP Select te permitirá hacer dos tipos de promociones de tu libro de forma totalmente gratuita: los **Kindle Countdown Deals** y las **Promociones de libro gratuito**.

---

[21] Te recomiendo que cada prueba dure al menos 30 días para poder sacar conclusiones solidas.

Opciones de promoción en KDP Select.

Para iniciar una promoción tan solo debes pinchar en «Promocionar y anunciar» desde tu panel de KDP y, una vez dentro, seleccionar el tipo de promoción que quieres poner en marcha.

1. Kindle Countdown Deals.

Este tipo de promoción te permite poner tu libro a un precio rebajado durante un período de tiempo limitado. Los clientes podrán ver el precio habitual y el precio promocional en la página de detalles del libro, así como un reloj en el que aparece el tiempo restante durante el que seguirá disponible a ese precio promocional.

Lo único que tienes que hacer es seleccionar una **fecha de inicio** y una **fecha de finalización** (con un máximo de siete días), la **cantidad de aumentos de precio** (con un máximo de cinco tramos) y el **precio inicial**.

Imaginemos que tienes un Kindle cuyo precio normal es de 9,99€ y decides programar este tipo de promoción de lunes a viernes, con tres aumentos de precio y un precio inicial de 1,99€. Con esta configuración Amazon mostraría tu libro a 1,99€ durante 37 horas, a 3,99€ durante las siguientes 37 horas y a 5,99€ las últimas 38 horas antes de volver a su precio original de 9,99€.

Incremento		Duración	Precio	% Descuento
1	21 junio 2020 a las 8:00 (PDT)	37h	$1.99	81%
2	22 junio 2020 a las 21:00 (PDT)	37h	$3.99	61%
3	24 junio 2020 a las 10:00 (PDT)	38h	$5.99	41%
Fin	26 junio 2020 a las 0:00 (PDT)		$9.99	

Ejemplo de configuración para Kindle Countdown Deals.

La idea es motivar la compra con el aliciente de que, si lo deja para más adelante, el libro será más caro. A mayor descuento, más motivación.

Este tipo de promoción tiene **dos ventajas principales**:

- **Se mantiene tu opción de regalías.** Obtendrás royalties en función de tu tasa de regalías habitual aplicada al precio promocional. Por ese motivo, si estás inscrito a la opción de regalías del 70%, ganarás un 70% incluso si el precio es inferior a 2,99€ en alguno de los tramos.

- **Más ventas,** tanto por el incentivo que resulta para los lectores el ver un precio rebajado y un crono de cuenta a atrás, como por la mayor visibilidad que consigues al incluirse tu libro en una categoría adicional: «Featured Kindle Countdown Deals».

Requisitos para participar en Kindle Countdown Deals:

- El *eBook* debe llevar inscrito en KDP Select al menos 30 días antes del lanzamiento de la promoción.
- El precio debe haber permanecido invariable durante esos 30 días y mantenerlo durante los 14 días después de realizar la promoción.
- El descuento mínimo es de 1$ en Amazon.com o de 1£ en Amazon.co.uk (los dos únicos mercados disponibles para este tipo de promoción, por el momento).
- Sea cual sea la duración que configures, esto contará como una promoción completa (la promoción no se puede dividir en varios períodos).
- No se ha realizado otra promoción de KDP Select para ese *eBook*. Solo se puede programar una promoción (de libro gratuito o de Kindle Countdown Deals) por período de inscripción en KDP Select (90 días).
- Los Kindle Countdown Deals deben programarse al menos 24 horas antes de la fecha de inicio. Por ejemplo, para que la promoción empiece el 10 de enero, puedes programarla en cualquier momento antes del 8 de enero.
- La promoción Kindle Countdown Deals finalizará, como máximo, 14 días antes de que termine tu período de

inscripción en KDP Select. Si renuevas tu libro en KDP Select por otros 90 días, tu promoción Kindle Countdown Deals puede finalizar el último día de tu período actual de KDP Select.

2. Promociones de libro gratuito.

Este tipo de promoción te permite ofrecer tu libro gratis durante 5 días (seguidos o alternos) por cada período de inscripción en KDP Select (90 días). Y, a diferencia de los Kindle Countdown Deals, **no está limitada** a Amazon.com y Amazon.co.uk.

Lo más recomendable si decides utilizar esta promoción es usar los 5 días seguidos, empezando el domingo y terminando el jueves, ya que son los dos días de la semana con más ventas.

Hace algunos años, el uso de esta promoción daba muy buenos resultados porque durante los días en los que el libro podía adquirirse de forma gratuita, se conseguían muchas descargas (especialmente si se acompañaba de otras estrategias) que hacían subir sus posiciones en el **ranking de libros gratuitos**. Cuando terminaba el tiempo de promoción, el ranking conseguido en esta lista ayudaba a subir posiciones en el **ranking de libros de pago** (el que nos interesa). A día de hoy, este trasvase de posiciones entre estas dos listas ya no se produce, por lo que esta opción es cada vez menos utilizada, aunque puede seguir siendo interesante en algunos casos particulares:

- Autores que publican un libro por primera vez y no tienen ninguna audiencia creada. Puede ser una buena forma de conseguir un volumen importante de descargas con las que darse a conocer y de las que recibir las primeras reseñas.

- Autores que no buscan ganar dinero con su libro. Que un libro sea gratis hará que, sin ninguna duda, más personas lo descarguen. Pero cuidado, más descargas no tienen por qué significar más lectores. Las personas que únicamente se descargan un libro porque es gratis suelen acumular cientos de libros que nunca llegan a leer.

- Autores que planean convertir su libro en una serie. Puede ser interesante ofrecer el primer libro de forma gratuita como gancho para posteriormente vender el resto de tomos.

CAPÍTULO 18

Sube tu libro a Amazon

Si has seguido los 6 pasos de esta sección, ya tienes listos todos los elementos necesarios para poder subir tu libro a KDP.

Antes de empezar, tan solo vas a necesitar crear una cuenta. Para ello, dirígete a *kdp.amazon.com,* pincha en el botón «Iniciar sesión» y accede con tus datos de Amazon o haz clic en «Registrarse» y crea una nueva cuenta. Rellena tus datos personales y fiscales e indica la cuenta bancaria donde quieres que Amazon te ingrese los *royalties* (mucho mejor que por cheque).

Ya solo queda subir tu libro. Elige por qué formato quieres empezar —Kindle, Paperback or Hardcover— y haz clic en la casilla correspondiente.

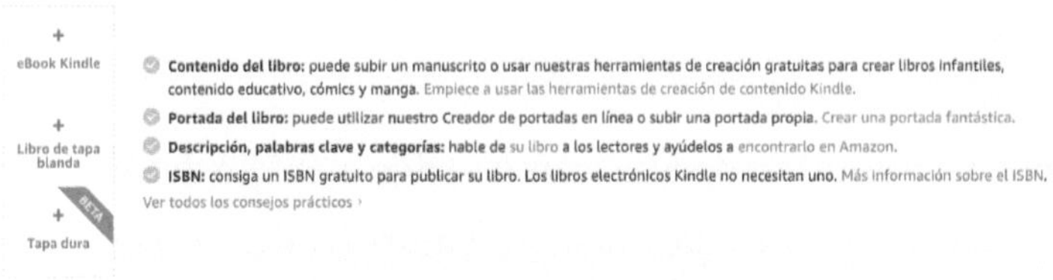

Panel de usuario de KDP.

Verás que los datos a rellenar se clasifican en tres secciones principales: detalles, contenido y precio del libro. Es todo muy sencillo. Tan solo hay cinco puntos que suelen generar dudas la primera vez que subimos un libro (si a ti te surge alguna otra, no dudes en consultarme):

1. **Derechos de publicación**. Elige la primera opción: «Poseo los derechos de autor y tengo los derechos de publicación necesarios».

2. **ISBN físico**. Pincha en «Asignar un ISBN gratuito de KDP».

3. **Territorios**. Selecciona «Todos los territorios».

4. **Gestión de derechos digitales (DRM)**. Te recomiendo que no la habilites, pues está comprobado que los libros con DRM se venden menos.

5. **Inscripción en KDP Select**. Yo, por supuesto, recomiendo inscribirse pues, como ya he comentado, en mis experimentos he conseguido mejores resultados (mayores beneficios), pero es una decisión personal.

¡Y se acabó!

Habrás comprobado que, como te dije al inicio de esta sección, autopublicar un libro en Amazon (subirlo a KDP) es cuestión de no más de treinta minutos, pero autopublicar un libro en Amazon

bien y con las máximas garantías éxito requiere de algo más de preparación para poder organizar de forma correcta cada uno de los apartados que hemos repasado.

Espero haberte sabido transmitir la importancia de cuidar cada uno de estos 7 pasos y habértelos explicado de forma clara y sencilla para que tú también puedas, **sin necesidad de editorial alguna**...

¡Triunfar con tu libro!

VENDE TU LIBRO

- CÓMO VENDER UN LIBRO EN AMAZON... ¡Y A VIVIR! -

El problema con la carrera de la rata es que incluso si ganas, sigues siendo una rata.

— LILY TOMLIN

¿TÚ?

Introducción

Tras haber dedicado cuatro años de mi vida a escribir mi primer libro y medio más a publicarlo, había llegado la hora de la verdad. ¿Todo ese trabajo y sufrimiento daría sus frutos y se transformaría en ventas?

Yo sabía que la calidad de mi libro era excelente tanto por dentro —solucionaba un problema latente no satisfecho—, como por fuera —la portada, maquetación, edición... habían sido llevadas a cabo por expertos profesionales—.

También sabía que me convertiría en autor *bestseller* sin ninguna duda pues había investigado bien cómo hacer un buen lanzamiento en Amazon.

A pesar de todo esto, durante la misma semana de publicación y yendo las cosas estupendamente, recuerdo haberle comentado a otro compañero emprendedor: «Yo firmaría ya porque el libro me diese cincuenta euritos al mes».

¡¿Solo cincuenta euros?!

Sabiendo que tenía entre mis manos un libro increíble y que el lanzamiento iba a ser espectacular... ¿por qué me conformaba con cincuenta míseros euros al mes? Pues porque conozco muy bien el mundo *online.*

En internet existen productos increíbles que ni se conocen ni se venden por carecer de una buena promoción, y productos mediocres que generan millones de euros (véase Hawkers, por ejemplo) por contar con un buen plan de marketing.

Por supuesto, mis perspectivas económicas habrían sido muy diferentes si hubiese estado dispuesto a trabajar para mi libro (crear un blog, un podcast, dar conferencias, invertir en publicidad, etc.), pero yo ya tenía un trabajo que ocupaba el cien por cien de mi tiempo y **lo que quería era que mi libro trabajase para mí y no al revés**. Quería un **ingreso extra 100% pasivo.**

Por *suerte*, tras el lanzamiento y habiendo alcanzado la posición de *bestseller* en varias categorías de Amazon tanto dentro como fuera de España, mi libro continuó vendiéndose relativamente bien y **los beneficios rondaban los 150€/mes**: el triple de los ingresos por los que hubiese firmado sin dudar unos meses atrás.

Estaba más que contento. Un libro que había escrito por pura cabezonería ocupaba las primeras posiciones de Amazon por delante de autores internacionalmente reconocidos, había mejorado mi marca personal de forma increíble —con lo que me llegaban propuestas de trabajo impensables hasta ese momento— y además me daba unos 2.000 euritos al año para irme de vacaciones.

¿Qué más podía pedir?

Ya había conseguido mucho más de lo que prometen decenas de libros sobre *cómo autopublicar tu libro y triunfar en Amazon*.

Sin embargo, un año más tarde pasó algo que lo cambió todo: llegó la jubilación de mi padre.

Como muchas otras personas de su edad, mi padre empezó a trabajar desde muy pequeño, a la edad de doce años, y durante sus más de cincuenta años de vida laboral nunca había cogido ni un solo día de baja ni había disfrutado de más de quince días de vacaciones seguidos. ¿Te imaginas mi indignación cuando me enteré de que, a pesar de todo, su pensión iba a quedarse en menos de 600€?

¡600€ al mes en España después de toda una vida trabajando muy duro!

La rabia que yo sentía no era poca, así que decidí aprovecharla a mi favor y utilizar esta energía de forma constructiva.

Fue en aquel momento cuando me propuse encontrar la manera de que cualquier persona que escribiese un libro pudiese crear unos ingresos pasivos de, al menos, 600€/mes en menos de un año y no en cincuenta y cuatro como en el caso de mi padre.

Como resultado de esta misión personal y de más de tres años de investigación en los que invertí más de 5.000 euros en diferentes cursos y formaciones, finalmente di con **un sistema que permite que tanto escritores como no escritores puedan generar unos ingresos pasivos de al menos 600€ al mes con un solo libro de no ficción**.

El objetivo de este libro es ~~que puedas crear una pensión de jubilación digna en menos de un año~~ **ESCAPAR DEL SISTEMA**.

Has leído bien. Mi principal motivación al escribir estas líneas, como ya comenté al principio de este libro, es **cambiar el mundo**. Seguro que se te ocurren más, o incluso puede que mejores, maneras de hacerlo, pero sin duda, **ayudarte a escapar del sistema o de la *carrera de la rata*** es una gran forma de lograrlo.

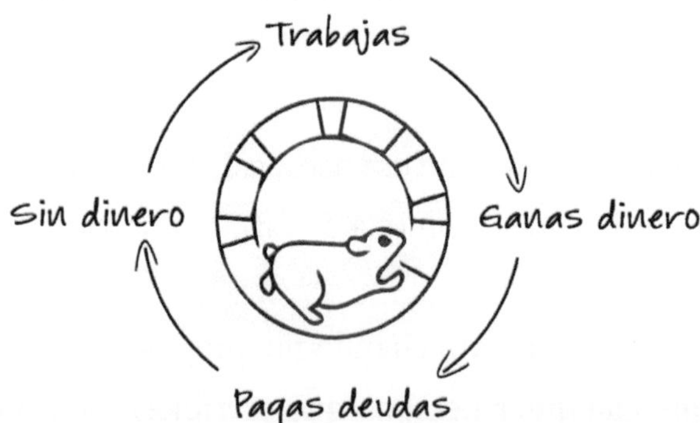

La carrera de la rata.

Si me conoces personalmente o me sigues en redes sociales seguro que ya sabes que, además de escribir, estoy metido en muchos otros proyectos, la mayoría de ellos con un potencial para generar ingresos mucho mayor del que se puede obtener con un libro. Entonces...

¿Por qué un libro?

¿Por qué no te enseño otro tipo de negocio que sea capaz de generar 10.000 o 100.000 euros al mes?

1. Un libro tiene el potencial suficiente.

Puede que pienses que 600 euros al mes es una cantidad ridícula (a mí me lo parece), pero esa es la pensión que le quedó a mi padre tras toda una vida de trabajo.

El objetivo de esta guía es enseñarte cómo igualar o superar esa cantidad en menos de un año y un libro tiene el potencial suficiente como para conseguirlo.

2. No es necesario inversión.

No se me ocurre ningún otro negocio que con una inversión inferior a los 150€ (de edición, portada, maquetación...) pueda generar unos ingresos de 600€/mes.

3. Tiempo.

Conseguir una pensión de jubilación de 600€/mes requiere más de cincuenta años de dedicación completa. Con un libro puedes conseguirlo en menos de un año y dedicando tan solo unas pocas horas a la semana.

4. Pasivo 100%.

Una vez que tu libro esté rodando, los ingresos llegarán cada mes sin que tengas que hacer nada.

5. Riesgo 0%.

A diferencia de otros tipos de negocio, no tienes que dejar tu trabajo habitual, arriesgarlo todo y malvivir hasta que tu nuevo proyecto funcione, ¡si es que lo hace!

6. No tienes que crear una web.

Una de las principales ventajas de los negocios *online* es que no necesitas alquilar un espacio físico para poder funcionar; con una buena página web es suficiente.

Si vendes tu libro a través de Amazon, ni siquiera tendrás que preocuparte de esto: Amazon será tu web, una web increíble.

7. No necesitas aprender de marketing.

Para vender cualquier producto en internet (y fuera de internet) es necesario aplicar una estrategia de marketing. Tanto si decides subcontratar como si optas por aprender a hacerlo por ti mismo, tendrás que crear un **embudo de ventas** mínimo viable. Es decir, tendrás que **atraer** usuarios hasta tu producto, **convertir** a estos usuarios en *leads* (clientes potenciales) y **venderles** tu producto.

Amazon se ocupa de cada una de estas fases sin que tú tengas que hacer nada. Y si quieres aumentar tus ventas/beneficios, dispone de su propia plataforma de publicidad para que puedas añadir más usuarios a la parte superior de este embudo.

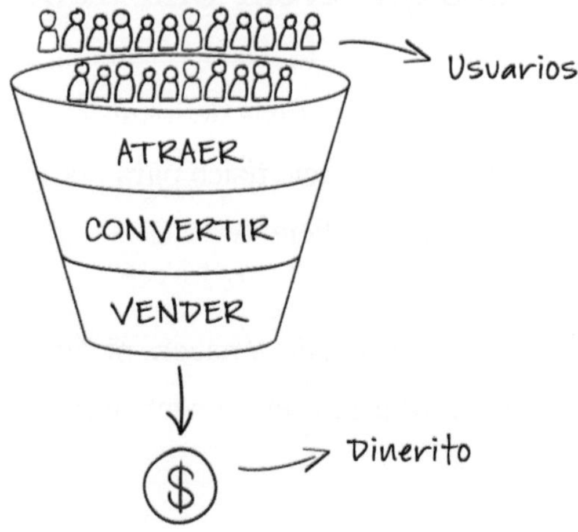

Embudo de ventas mínimo viable.

8. No tienes que gestionar clientes.

Consultas, envíos, devoluciones, reclamaciones... ¡Amazon se encarga! Tú solo tienes que preocuparte de que tu número de cuenta esté bien escrito para recibir tus *royalties* puntualmente.

9. Puedes repetir el proceso una y otra vez.

¿600€ al mes no te da ni para tu hipoteca? Pues escribe un segundo libro y dóblate el sueldo, o un tercero y triplícatelo, o un cuarto... ¿se entiende la idea?

Crear tu primer libro y alcanzar esta cantidad mensual puede resultar todo un desafío (vas a romper muchas barreras mentales durante el proceso), pero una vez lo hayas conseguido, lo verás todo desde una perspectiva diferente y seguro que te animas a escribir el siguiente, esta vez, dedicando mucho menos tiempo.

10. Es un buen *primer paso*.

Incluso si, como yo, tus inquietudes en el mundo *online* van más allá de escribir o ganar 600 euros al mes, empezar con un libro es un gran punto de partida:

- Te permitirá crear todo un imperio a partir de tu obra si te decides a utilizarla como medio para posicionarte como experto **en tu sector** y captar clientes a los que venderles tus productos o servicios.
- Te dará la confianza que necesitas para afrontar un nuevo negocio más ambicioso **en otro sector**. Cuando veas que es posible generar ingresos sin depender de un jefe, será más difícil que tus miedos te hagan tirar la toalla a mitad de camino para volver a la «seguridad» de un trabajo fijo.

Y ahora que ya sabes la libertad que te espera cuando hayas escapado del sistema gracias a un solo libro...

¡Es hora de vender tu libro!

CAPÍTULO 19

Bestseller en 24 horas

¿Alguna vez te ha impresionado oír que algún amigo o conocido era autor o autora *bestseller*? ¿Has sentido una envidia sana —o no tan sana— por esa persona? ¿Pensabas que era una proeza solo al alcance de unos pocos bendecidos con el don de la escritura? ¿Creíste que era algo que nunca podrías conseguir?

¡Tengo muy buenas noticias para ti!

Tú no solo puedes ser autor *bestseller* en Amazon, sino que, además... ¡puedes lograrlo en menos de 24 horas!

Sí, de verdad de la buena. Te lo prometo. Si no es así, te invito a una paella.

¿Dónde está el truco?

Puede que esto te sorprenda, pero Amazon recalcula la posición que ocupan todos los libros subidos a su plataforma **cada hora y por cada categoría**. Esto quiere decir que, si *por* *casualidad*, un día cualquiera tu libro llega a ser el más vendido dentro de una categoría determinada... **Amazon le pondrá la banderita de *bestseller***.

Sabiendo esto, ya podemos preparar una estrategia de lanzamiento —o relanzamiento, si es que ya habías publicado tu libro— que nos garantice obtener dicho reconocimiento.

Estrategia de lanzamiento.

Ya sabemos que conseguir alcanzar la posición de *bestseller* en Amazon únicamente depende de dos factores:

- Las **categorías** de tu libro.
- Las **ventas** de tu libro **en 24 horas**.

1. Categorías.

Como te expliqué en la sección anterior, necesitas hacer una pequeña investigación para identificar las categorías que tienen más posibilidades de auparte como autor *bestseller* y, una vez que hayas publicado tu libro, escribir a Amazon para solicitar que se te incluya en las 10 mejores (aquellas con un ABSR más alto).

2. Ventas en 24 horas.

Una vez que Amazon te confirme que tu libro ha sido añadido a las categorías solicitadas, es hora de poner en marcha tu *equipo de lanzamiento*, que básicamente va a consistir en un grupo de amigos y familiares dispuestos a comprar tu libro el día que lo publiques. Unos lo harán porque les interesa el tema y realmente están impacientes por leerlo, otros porque se sientan orgullosos de tener un libro tuyo, otros simplemente por apoyarte... Da igual el motivo, cuanto mayor sea tu equipo de lanzamiento, mejor. Por supuesto, si tienes seguidores o fans y quieres añadirlos a este grupo, adelante.

Procura que tu equipo esté formado por, al menos, 20 personas. A mayor número, más posiciones escalarás en el ranking de Amazon y más efectivo será tu lanzamiento.

No es lo mismo llegar a ser *bestseller* de una subcategoría que serlo de una categoría principal. Y esto, vuelvo a repetir, va a depender de las ventas que seas capaz de conseguir en un lapso de 24 horas.

Es importante que tengas preparado tu equipo de lanzamiento al menos una semana antes de publicar. Explícales todo cuanto consideres necesario, pero sobre todo, no olvides decirles que es imprescindible que compren tu libro **el mismo día que se lo pidas**.

Muy bien, ya tienes tu equipo listo, has publicado tu libro, solicitado las diez categorías en las que quieres que se incluya y te las acaban de conceder. Ahora... calma. Si Amazon te avisa de que tu libro ha sido incluido en las categorías solicitadas pasadas las diez de la mañana, espera al día siguiente para avisar a tu equipo de lanzamiento. Puedes ponerte en contacto con ellos como tú prefieras: por WhatsApp, con un correo, por teléfono... Lo importante es que te asegures de que reciben tu mensaje ese mismo día y que los avises a todos al mismo tiempo. No dividas esta tarea y se lo digas a unos cuantos por la mañana, a otros por la tarde y a otros por la noche. Siéntate y no te levantes hasta acabar los deberes.

IMPORTANTE: Amazon tiene un ranking específico para Kindle y otro para libros físicos, por lo que, si no quieres dividir fuerzas durante tu lanzamiento, **céntrate en una de las dos versiones**. Seguro que muchas de las personas en tu equipo de lanzamiento estarán deseosas de tener un ejemplar físico para que puedas firmárselo y colocarlo en una de sus estanterías a la vista de todo el mundo, pero también habrá unas cuantas que tan solo te estén haciendo el favor, por lo que cuanto menos tengan que gastarse en echarte una mano, menos posibilidades de que acaben echándose atrás. Por ello, no solo **te recomiendo apostar por la versión digital**, sino que además te sugiero que establezcas un precio especial de lanzamiento. De esta forma, evitas llevarte la desagradable sorpresa de que algunos se hagan los locos y finalmente no lo compren (aun así, los habrá) y además aumentarás las ventas reales mientras mantengas este precio especial.

Precio de lanzamiento.

Puesto que la opción de ofrecer tu libro de forma gratuita durante cinco días que te ofrece KDP ya no funciona como solía hacerlo, mi recomendación es que al menos durante las 24-48 horas que tarde tu equipo en realizar la compra pongas tu Kindle a 0,99€.

Poner este precio rebajado tiene un triple propósito:

1. Aumentar las ventas dentro de tu propio equipo de lanzamiento: 0,99€ es una inversión insignificante incluso para aquellas personas que no tengan demasiado interés en la temática de tu libro y, en principio, lo compren solo por ayudarte.

2. Transmitir una sensación de urgencia real a tu equipo de lanzamiento. Si cuando les escribas o llames para decirles que ha llegado el momento de comprar tu libro añades que es muy importante que lo hagan *hoy* porque mañana subirá de precio, disminuirás las posibilidades de que se duerman en los laureles y se les acabe olvidando o lo dejen para otro día.

3. Aumentar las ventas reales (personas fuera de tu equipo) de tu libro. Una vez termines tu lanzamiento, el precio al que decidas fijar tu libro dependerá de tus objetivos, pero ahora mismo lo único que estamos buscando es conseguir el número de ventas más alto posible para alcanzar la

posición *bestseller* en el mayor número de categorías y, sin duda, un precio tan reducido te ayudará a conseguirlo.

Una vez que hayas terminado tu lanzamiento y todos los miembros de tu equipo tengan su libro, tienes dos opciones a la hora de modificar el precio:

- Cambiarlo directamente al precio final que tenías en mente: el que tú crees que se ajusta a su valor, por ejemplo.

- Ir aumentando 1€ por mes hasta que los beneficios se estabilicen o empiecen disminuir. Es una buena forma de dar con un precio óptimo.

Lanzamiento paso a paso.

Recapitulemos los diferentes pasos que debes dar en el orden adecuado para el lanzamiento de tu libro:

Paso 1: prepara tu equipo de lanzamiento una semana antes de que planees publicar.

Paso 2: publica tu libro en Amazon poniendo tu Kindle a 0,99€. Desde que aprietas el botón «Publicar» hasta que tu libro aparece en Amazon suelen pasar entre 24 y 72 horas.

Paso 3: una vez que tu libro aparezca en Amazon, escribe a KDP y solicita las diez categorías para cada libro: físico y digital. Te contestarán en menos de 48 horas.

Paso 4: cuando te confirmen que ha sido añadido a las categorías solicitadas, contacta con tu equipo de lanzamiento y recuérdales que deben hacer la compra ese mismo día, pues vas a subir el precio.

Paso 5: pasadas 48h modifica el precio de tu libro si lo deseas.

Si sigues estos sencillos pasos y tienes un equipo de lanzamiento de al menos veinte personas, **te garantizo que conseguirás alcanzar la posición de *bestseller*** en una o más de las diez categorías que has solicitado.

Pero... ¿cuántos libros tienes que vender para ser *bestseller* en tu categoría principal o favorita? ¿Y para ser el nº1 de todo Amazon? Recuerda que puedes saber el número de libros que necesitas vender en 24 veinticuatro horas para ocupar el nº1 en cualquier categoría haciendo uso de *Publisher Rocket*[22].

Bueno, y ahora que ya eres *bestseller* y antes de pasar al siguiente capítulo, tengo que darte una mala noticia...

Ser bestseller no sirve para nada.

---

22 *soykevinalbert.com/rocket*

Durante mi investigación, uno de los cursos en los que invertí algo más de 500€ prometía mostrarte cómo convertirte en Amazon *bestseller*. Tengo que decir que, aunque acabé maldiciendo al vendehúmos que me coló el dichoso curso, en realidad la formación cumplía con lo prometido. Es decir, te enseñaba exactamente lo mismo que acabo de enseñarte yo en apenas diez páginas, pero en formato vídeo y por unas **100 veces lo que cuesta este libro** (y no hemos hecho más que empezar).

En realidad, el error fue mío y he observado que es algo muy común. Hasta hace no mucho, cuando oía la palabra *bestseller* la relacionaba con ventas (muchas ventas) y dinero. Sin embargo, la verdad es otra: ser bestseller en Amazon (sin una estrategia detrás) solo sirve para hinchar tu ego y vacilar ante aquellos ingenuos que todavía piensan que es sinónimo de éxito.

Entonces, ¿te he contado toda esta milonga de cómo ser Amazon *bestseller* solo para reírme de ti como hicieron conmigo cuando me vendieron el susodicho curso? No.

Alcanzar esta posición, especialmente durante el lanzamiento de tu libro y contando con una estrategia posterior, es un paso fundamental para conseguir triunfar con tu obra que, a mi modo de entender, consiste en **vender muchos libros, que te generen muchos ingresos y hacerlo durante mucho tiempo**.

Pero que no te engañen, esto no se consigue siendo *bestseller* por un día. **A esto se le llama... ser un *longseller*.**

CAPÍTULO 20

De *bestseller* a *longseller*

Se puede ser *longseller* sin necesidad de ser *bestseller* y viceversa, pero si te he enseñado una estrategia que te garantice alcanzar la posición de *bestseller* durante el lanzamiento de tu libro, no ha sido por el placer de rellenar páginas.

Como he comentado, **ser *bestseller* contando con una estrategia posterior** es un potente catalizador hacia el éxito de tu libro pues, si se hacen bien las cosas, **permite generar la inercia suficiente** como para mantener las ventas a lo largo del tiempo. Esto, y no el conseguir la banderita de «Más vendido», es lo que pretendo enseñarte en esta sección: cómo obtener unos buenos ingresos pasivos extra todos los meses y a ser posible durante toda la vida.

Insignia de «Más vendido» en la página de búsquedas.

Es importante que no cometas el error de pensar que, si tu libro se ha posicionado como *bestseller* durante su lanzamiento, ya está todo el trabajo hecho y puedes sentarte a esperar que las ventas sigan entrando. Permíteme que insista una vez más: esta estrategia tan solo sirve para darnos la inercia necesaria para arrancar, pero por sí sola no vale para nada:

> Conozco a una pareja de gurús que, haciéndose valer de su lista de más de 20.000 suscriptores, realizaron un lanzamiento que no solo les permitió colocar su libro como *bestseller* en las mejores categorías, sino que alcanzaron el nº1 de todo Amazon con un libro... de mier**. A la semana siguiente, había caído en picado y de las pocas ventas reales que conseguían solo recibían reseñas negativas quejándose de su mala calidad. A estos dos gurús no les sirvió absolutamente de nada colocar su libro como el más vendido de todo Amazon y, pocos meses después, acabaron retirándolo de la venta.

Más extravagante todavía es el caso del *no escritor* Brent Underwood, un asesor de marketing estadounidense que, con el único objetivo de demostrar el escaso valor que tiene llegar a ser *bestseller* en Amazon, publicó un libro de una sola página en la que aparece la foto de un pie, la misma que muestra la portada, bajo el título de *Putting My Foot Down*[23] y lo posicionó como *bestseller* de Amazon en menos de cinco minutos.

Te recomiendo que busques la historia completa de Underwood en Google, pero por si te da pereza, te dejo dos frases extraídas de una de las entrevistas que le hicieron tras semejante hazaña:

- «La gente llega al *top* de una categoría y, aunque dure solo una hora, se apresuran a indicarlo en todas sus biografías y presumen de ello durante el resto de su vida».
- «Hay todo tipo de webs vergonzosas que prometen secretos, trucos, conferencias y seminarios *online* para convertirte en un *bestseller* de la noche a la mañana».

Y, ahora que ya tienes claro que alcanzar la posición de más vendido es simplemente un paso intermedio en tu camino hacia convertirte en un auténtico *longseller* que te permita subirte el sueldo, pasemos al siguiente paso.

---

[23] soykevinalbert.com/pmfd

Las 7 claves de un *longseller*.

Que tu libro se convierta en un *longseller* es tan *fácil* como que, tras su lanzamiento, continúe teniendo un número de ventas considerable. Para que esto ocurra deben cumplirse 3 requisitos o fases: que tu libro se muestre (visibilidad), que despierte interés y que se venda.

Por suerte para ti, en Amazon tú tienes el poder de influir directamente sobre cada una de estas 3 fases prestando atención a 7 puntos clave:

1. El título.

Como ya vimos en la primera sección, por muy bueno que sea tu libro, si los lectores no lo encuentran de nada servirá.

Recuerda la **fórmula para un título perfecto**:

FTP = palabras clave (SEO) + solución (punto de dolor) + personalidad + límite temporal

2. La portada.

Si el título es el responsable principal de que los lectores encuentren tu libro, sin duda la portada **es el responsable**

principal de captar su interés. Una portada bien diseñada —diseñada para la venta— atraerá la atención de los usuarios y obtendrá más clics que su competencia.

Además, si el algoritmo de Amazon detecta que tu obra recibe un mayor porcentaje de clics, interpretará que es un libro relevante para los lectores aumentado así su ranking, lo cual a su vez lo hará más visible.

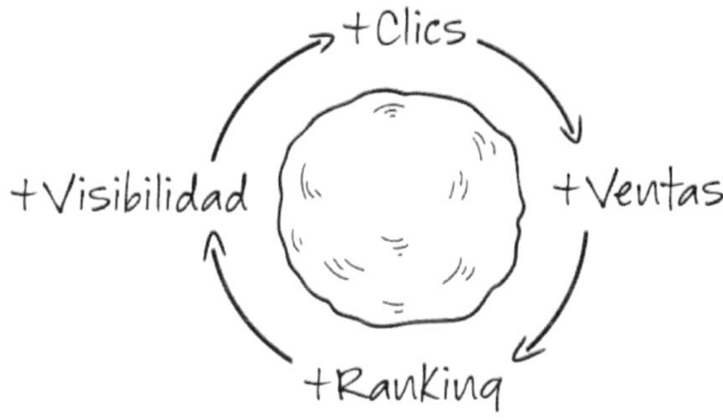

Efecto bola de nieve.

Puesto que la portada va a jugar un papel tan decisivo en el éxito de tu libro, tienes que tomarte las cosas en serio.

Repite conmigo: «la portada de mi libro debe diseñarla un profesional».

4. La descripción.

Una vez que el usuario haga clic sobre la miniatura de tu libro en los resultados de búsqueda o recomendaciones de Amazon, será dirigido a la página de producto, es decir, a una página que Amazon ha preparado exclusivamente para tu obra. En ella, el usuario tiene absolutamente toda la información necesaria para tomar la decisión de compra. Y, entre toda esta información, el elemento con mayor poder de persuasión es sin duda la descripción de tu libro. Una descripción escrita con lenguaje persuasivo y presentada en un formato que enamore a tus potenciales lectores.

5. Echa un vistazo.

Si la descripción no es lo suficientemente convincente como para conseguir la venta, el siguiente elemento al que tu posible lector recurrirá para ayudarle a tomar una decisión es la opción «Echa un vistazo».

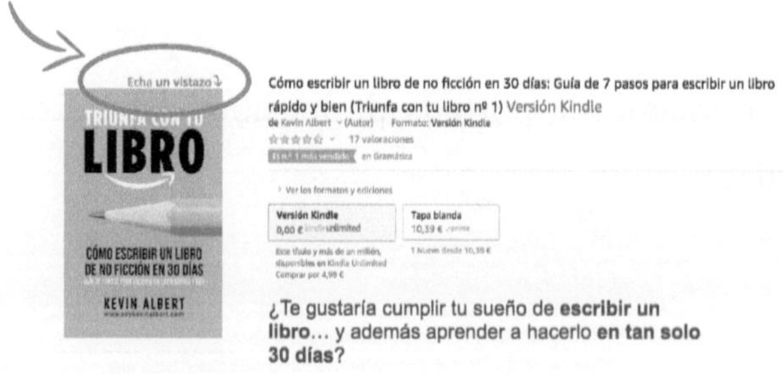

Localización de la opción «Echa un vistazo».

Esta opción es el equivalente digital a hojear un libro en una librería y permite al lector ver las primeras páginas de la obra, concretamente un 10%[24], antes de decidir si quiere comprarlo. Ser consciente de esto te permite optimizar tu contenido para:

- Aumentar tu porcentaje de ventas.
- Captar el *email* de los indecisos.

Aumenta tu porcentaje de ventas.

Conseguir aumentar el número de usuarios que tras visitar la sección «Echa un vistazo» termina comprando tu libro es tan fácil como aplicar estas dos sencillas estrategias:

1. **Cuida tu índice**. El índice es la parte más visitada en un libro de no ficción, así que, además de colocarlo lo antes posible, es importante que te esfuerces en redactar los diferentes capítulos de forma atractiva.

2. **Ve directo al meollo**. Tras el índice de tu libro ve directo al contenido. **Demuestra lo antes posible que tu libro merece ser leído**. Es importante que no dejes lo mejor para el final y que no repitas aquello que ya hayas contado en tu descripción o añadas secciones para las que Amazon ya dispone de un lugar específico, como por ejemplo, tu biografía, que irá en la página de autor.

[24] Puedes escribir a KDP y solicitar que se modifique este porcentaje si lo deseas.

Capta el correo de los indecisos.

Son muchas las posibilidades de que, si el usuario abandona la página de tu libro sin haber realizado la compra, hayas perdido la venta para siempre. Es por ello que es una muy buena idea utilizar estas primeras páginas para conseguir su *email* ofreciéndoles algo a cambio: un recurso gratuito, el acceso a un vídeo privado relacionado con la temática de tu libro, una invitación a un webinar[25], etc.

Teniendo el contacto de estos usuarios indecisos podemos poner en marcha cientos de estrategias que nos permitirán multiplicar nuestros beneficios. Y aunque esto es algo que daría para todo un máster en marketing digital, con el simple hecho de enviar un correo de vez en cuando a tu lista de contactos en el que hables de algún aspecto interesante relacionado con la temática de tu libro, **incrementarás tus ventas con un esfuerzo mínimo**.

6. Página de autor.

En mi época como comercial aprendí, por el camino difícil, una lección que me quedó grabada de por vida:

---

[25] El término *webinar* es un neologismo que combina las palabras *web* y *seminario*. Se refiere a cualquier contenido en versión vídeo cuyo principal objetivo sea educativo y práctico.

Para conseguir una venta no solo es necesario vender el producto, también debes vender la empresa y debes venderte **tú**.

La falta de uno de estos tres elementos impedirá que la venta llegue a producirse, especialmente si estamos hablando de productos con un precio elevado.

En una plataforma como Amazon no necesitamos vender la empresa, pues estamos hablando de la compañía mejor valorada por sus clientes de todo el mundo. Así que, si hemos hecho un buen trabajo vendiendo nuestro producto gracias a la correcta aplicación de las claves expuestas en este capítulo, tan solo nos queda... **vendernos a nosotros mismos**; y la herramienta específica para tal efecto es la página de autor de Amazon.

La página de autor es el equivalente a la sección «quiénes somos» o «quién soy» de una web corporativa o de un blog personal. No es casualidad que sea **la más visitada por los usuarios**: tus clientes necesitan saber quién eres.

Debemos utilizar esta sección para crear una conexión con nuestros lectores, generar confianza, transmitir profesionalidad... En resumen, dejarles ver quién es la persona que se esconde tras las páginas del libro/s que han leído o están pensando leer.

No cometas el error de usar tu página de autor a modo de currículum.

En determinadas ocasiones mencionar tus méritos académicos puede ser aconsejable o incluso necesario, pero lo más importante, y tu objetivo principal a la hora de completar este apartado, es empatizar con tu lector. Si consigues que se identifiquen contigo y con tu historia, serán capaces de imaginarse alcanzando tus mismos logros; esos que explicas cómo conseguir en tu libro. Si eres capaz de conseguir esto, la venta está garantizada.

¡Ojo! No te inventes una historia por el simple hecho de que pienses que vas a vender más. Es una estrategia cortoplacista y te puede salir el tiro por la culata.

Muchos vendedores de empresas multinivel (como Herbalife, por mencionar uno al azar) alquilan coches y casas lujosas solo para hacerse el *selfie* y publicarlo en sus redes sociales para captar así a unos cuantos incautos deslumbrados por la *supuesta* vidorra que estos vendehúmos se pegan vendiendo batidos de chocolate. Son tan cutres que en ocasiones alquilan estos lujos entre varias parejas (por algún motivo les insisten mucho en que siempre muestren la pareja feliz) y se van turnando para la foto.

Este tipo de farsas puede que sirvan de algo y durante algún tiempo dentro del mundo del multinivel o de los nuevos infoproductores (ambos usan exactamente las mismas estrategias), pero en Amazon te cazarán antes de que quieras darte cuenta y el castillo de naipes se desmoronará.

Ahora que ya sabes por qué es importante este apartado y cómo sacarle el máximo provecho, pasemos a la parte técnica.

A diferencia del resto de elementos, la página de autor no se rellena desde nuestro panel de KDP. Es por este motivo que son muchos los autores que se saltan este paso —ya sea por pereza o por desconocimiento—, lo cual nos va a permitir diferenciarnos y ganar muchos puntos a los ojos de Amazon y de nuestros lectores.

El primer paso para crear tu página de autor es abrir una cuenta en *Amazon Author Central* entrando en: *authorcentral.amazon.com*.

Una vez te hayas registrado, dentro encontrarás varias secciones a tu disposición para conseguir que tus lectores se conviertan en tus fans. Sí, como autor también es posible tener tus propios *followers* dentro de Amazon.

No te conformes únicamente con añadir tu foto y tu biografía: si tienes un blog no dudes en vincularlo; si dispones de uno o más vídeos en los que presentes tu libro o que estén relacionados con la temática de este —alguna charla o conferencia que hayas dado—, ¡súbelos! Que tus lectores puedan ver cómo hablas y te expresas aumentará mucho el grado de conexión y confianza. Precisamente lo que estamos buscando.

Aviso: si tras haber creado tu página de autor subes un nuevo libro a Amazon, para que se muestre en tu perfil deberás añadirlo manualmente dirigiéndote a la pestaña «Books» que aparece en la parte superior y haciendo clic en el botón «Add more books».

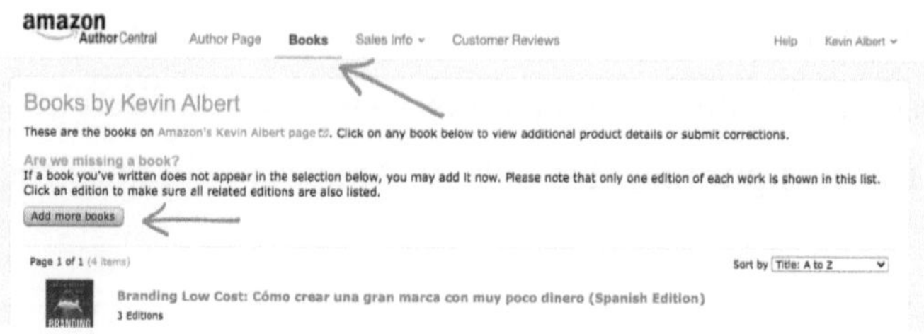

Localización «Add more books».

7. Tu libro en sí (obvio).

¿Pensabas que aplicando una serie de trucos y estrategias podrías llegar a vivir de un libro lamentable? Tengo buenas y malas noticias para ti.

Primero las malas: eso no va a pasar.

Y ahora las buenas: como no me canso de decir, a diferencia de lo que ocurre con los libros de ficción, el éxito de un libro de no ficción radica principalmente en que cumpla lo que promete. Podría tener faltas de ortografía, ser difícil de seguir, resultar repetitivo..., pero si cuando el lector termine tu libro ha encontrado la solución al problema que trataba de resolver, tendrás un lector satisfecho.

¿O piensas que si con este libro consigo demostrar que es posible generar **una pensión de jubilación en menos de un año** en lugar de en más de cincuenta, alguien no va a quedar satisfecho porque haya cometido algún error ortográfico o no le gusten mis chistes?

Como ves, además de tener un buen libro, convertirte en autor *longseller* es tan fácil como...

- Conseguir que te encuentren (**atraer**);
- Conseguir que cuando te encuentren te cliquen (**convertir**);
- Conseguir que cuando te cliquen te compren (**vender**).

O lo que es lo mismo: necesitas crear un miniembudo de ventas en el que tú tienes el control sobre la efectividad de cada uno de sus niveles gracias a las 7 claves que acabamos de ver:

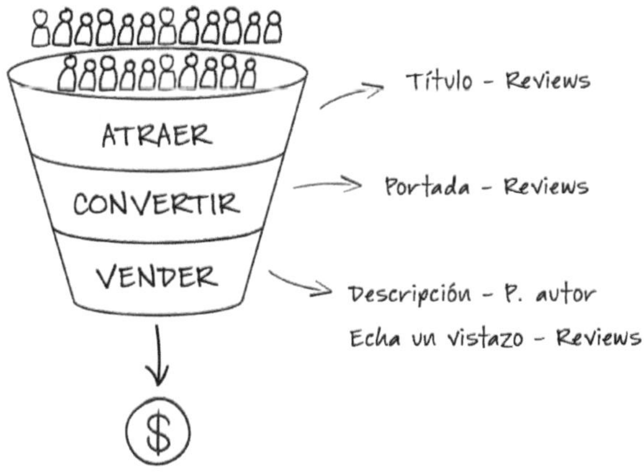

Papel más destacado de cada una de las 7 claves en cada nivel.

Como puedes observar en la imagen anterior, aunque todos los elementos están interrelacionados entre sí, cada una de las claves tiene un papel más destacado en uno de los tres niveles.

¿Te has fijado en que hay un elemento que se repite en todos los niveles y que además "se me había olvidado" mencionar en la lista de 7 claves?

Como seguro que ya imaginas, no se me había pasado. El hecho de habérmelo dejado para el final cuando en realidad debería haber hablado de él en tercer lugar —pues es el tercer elemento con el que se topará nuestro lector potencial— es porque por su importancia a la hora de conseguir la venta bien merece un capítulo aparte.

Me estoy refiriendo a las *reviews* o reseñas de Amazon.

CAPÍTULO 21

Reseñas: la clave del éxito

Las reseñas de un libro son, en gran medida, responsables de llevar a un autor al éxito o al fracaso. Y dado que Amazon es el líder mundial en venta de libros, conseguir comentarios reales en dicha plataforma resulta algo imprescindible.

Hay pocas cosas más dolorosas que haber pasado por el duro camino de escribir, publicar y lanzar un libro para ver cómo no consigue apenas ventas y termina cayendo en el olvido debido a la falta de reseñas.

Piénsalo: ¿cuántas veces has comprado un libro sin echar un vistazo a los comentarios? No se tú, pero a día de hoy y con lo fácil que nos lo pone Amazon, yo no compro nada sin antes leer unas cuantas opiniones de otros clientes/lectores.

No eches a perder todo el trabajo que has dedicado a tu libro por descuidar un último aspecto tan importante, porque sí, **obtener las primeras reseñas de tu libro es responsabilidad tuya**.

Por qué son tan importantes.

1. Credibilidad y prueba social.

Cuando buscamos un producto, intentamos decidirnos por un restaurante, elegimos el hotel donde pasar nuestras vacaciones o compramos un libro, todos miramos sus reseñas y valoraciones.

Un producto con muchas reseñas positivas en Amazon y una valoración media de 4-5 estrellas nos da tranquilidad a la hora de la compra. Pensamos que si hay tantas personas que han quedado satisfechas con él, a nosotros probablemente tampoco nos decepcione. Y en el caso de un libro de no ficción, **nos transmiten que realmente es capaz de cumplir aquello que promete**.

Esto cobra especial importancia cuando estamos comparando dos productos similares. Imagina que un producto tuviese decenas o cientos de reseñas positivas de 5 estrellas mientras que el otro no tuviese ninguna (o lo que es peor, que las tuviese de 1-3 estrellas), ¿con cuál te quedarías?

Un libro sin reseñas no es necesariamente un libro malo, pero si lo comparamos con otro similar con un gran número de comentarios positivos, las posibilidades de que el primero sea el elegido por los lectores disminuyen enormemente.

2. Influyen en el algoritmo de Amazon.

Amazon, igual que Google o YouTube, es un gran motor de búsqueda.

Cuando las personas lo usan, lo primero que ven está determinado por su algoritmo interno y las reseñas son una parte muy importante de este algoritmo: ayudándote a mejorar tu clasificación.

Cuanto mejor sea tu clasificación, más probabilidades hay de que la gente te encuentre, y cuanto más probable es que te encuentren, más posible es que vendas tu libro.

3. Impulsan las ventas.

Cada reseña que recibes aumenta tu clasificación, potencia tu credibilidad y atrae a lectores potenciales que serán más propensos a creer en las virtudes de tu libro si estas provienen de un tercero (el lector) que si las cuenta el propio autor.

Por si esto no fuese suficiente, existen varias plataformas como BookBub, Kindle Nation Daily o The Fussy Librarian por ejemplo, que te permitirán promocionar tu libro de forma gratuita cuando alcances un mínimo de reseñas (entre 5 y 10 y con una valoración superior a 3,5-4 estrellas). De esta forma, una vez que llegues al umbral mínimo, tendrás nuevas oportunidades de marketing (y ventas) disponibles para ti y para tus obras gracias a tus reseñas.

Advertencia: no hagas trampas.

Antes de explicarte cómo conseguir estas valiosas reseñas de Amazon es importante que sepas **qué NO puedes hacer**.

Amazon tiene tolerancia cero con aquellas reseñas diseñadas para engañar o manipular a sus clientes. Saltarte estas normas puede suponerte desde la simple eliminación de esa reseña tramposa hasta la supresión de tu libro del catálogo de Amazon para siempre o, lo que es peor, el cierre permanente y sin derecho a alegaciones de tu cuenta de autor. Y esto, si estás viviendo de tu libro/s, es el equivalente a ser despedido de tu empresa de la noche a la mañana y sin derecho a paro ni indemnización, así que, CUIDADO.

Aquí te dejo la lista de las cosas que no puedes hacer a la hora de conseguir una reseña:

1. Pagar o incentivar a alguien para que te deje una reseña.
2. Ofrecer un regalo a cambio.
3. Ofrecer un reembolso a cambio.
4. Intercambiar reseñas con otros autores.

Por último, del mismo modo que las reseñas tramposas a favor de tu libro están castigadas, las malas reseñas tramposas en contra de un libro de tu competencia también. Aunque sigue habiendo muchos *autores* (por llamarlos de alguna forma) que utilizan esta técnica despreciable, si Amazon o el propio autor agraviado se percatan, el tramposo puede quedarse sin cuenta en menos que canta un gallo.

Ahora que ya sabes qué no puedes hacer, veamos qué está permitido para aumentar las reseñas de tu libro de forma rápida y legítima.

Cómo conseguir reseñas en Amazon.

Como autor autopublicado, contar con un buen número de reseñas positivas en Amazon desde el principio puede catapultar tu lanzamiento y hacer que tu obra destaque por encima de tu competencia.

Es por ello que quiero remarcar la importancia de que no des el proceso de publicación por concluido hasta que no hayas conseguido estas primeras reseñas. Cuantas más reseñas positivas (reales) mejor, pero **conseguir entre 10 y 20 durante tu primer mes de lanzamiento** es un buen objetivo al que apuntar.

Hay muchas estrategias para encontrar lectores dispuestos a dejar una valoración, pero algunas de ellas pueden suponerte una gran inversión de tiempo... y de dinero: hay plataformas que las venden a más de 200€ cada una (cumpliendo con las normas de Amazon).

Así que, para conseguir reseñas durante el lanzamiento de tu libro o añadirlas a un libro que ya tienes publicado, vamos a ver **5 estrategias altamente efectivas** y que no requerirán que malgastes tu tiempo ni tu dinero.

1. Tu equipo de lanzamiento.

Contar con un buen equipo de lanzamiento no solo te permitirá alcanzar las primeras posiciones de Amazon cuando publiques tu libro, sino que también te ayudará a consolidarte como autor *longseller* gracias, entre otras cosas, a las reseñas que esta estrategia puede aportarte durante los primeros días.

Por lo general, conseguir que la mitad de los integrantes de tu equipo de lanzamiento te deje una reseña ya es todo un logro. Las principales razones por las que algunas personas podrían no hacerlo son:

- No les ha gustado tu libro.
- No han leído tu libro.
- No quieren molestarse.
- Por olvido.

Así que para intentar asegurar al menos ese 50% de reseñas y no acabar frustrado y enfadado, sigue estos pasos:

1. **No envíes mensajes/correos masivos**: si vas a pedir a alguien que se tome el tiempo necesario de escribir una reseña para tu libro, lo menos que puedes hacer es tomarte el tiempo necesario en escribir o llamar directamente a esa persona. Primero, por una simple cuestión de **consideración y respeto** (tu tiempo no es más valioso que el de los demás) y segundo, porque sentirán un **mayor grado de compromiso** si les escribes personalmente que si les envías un WhatsApp masivo con el que puedan pensar: «Entre tantas personas no se notará si me escaqueo».

2. **Lleva un control de tu equipo**: crea una hoja de cálculo simple con el nombre de todos los miembros de tu equipo para poder revisar:

   - Si lo avisaste de que ya podía comprar tu libro.
   - Si efectivamente lo compró.
   - Si le pediste que dejase una reseña.
   - Si efectivamente la dejó.

   De esta forma te aseguras de que nadie se te despiste y de no seguir insistiendo a aquellos que ya hayan hecho sus deberes. Porque sí, te va a tocar insistir un poquito.

3. **Pídeles que te avisen**: solicita a los miembros de tu equipo que una vez hayan dejado su reseña te lo comuniquen para poder leerla con atención. Esto, además de generar una mayor implicación, les demuestra que realmente valoras sus comentarios y te importa su opinión.

4. **No necesitan leer todo el libro**: uno de los principales motivos para que alguien de tu equipo no te deje una reseña es porque todavía no haya terminado de leer tu libro o incluso que no tenga pensado hacerlo, ya sea por falta de tiempo o porque el tema no les apasiona demasiado. Es importante liberarlos de esta presión explicándoles que no es necesario, que pueden opinar de lo que llevan leído hasta el momento y, si lo desean, modificar la reseña más adelante.

Si sigues estos pasos, te aseguro que multiplicarás el número de reseñas que recibas por parte de tu equipo de lanzamiento.

2. Plataformas especializadas: Booksprout y Book Bounty.

Existen multitud de plataformas que facilitan el intercambio de una copia gratuita de tu libro por una reseña honesta por parte del lector. Por supuesto cumpliendo las normas de Amazon. Mis dos favoritas son Booksprout y Book Bounty.

Booksprout:

Permite a los autores distribuir copias de sus libros a más de 40,000 lectores registrados, ofreciendo opciones tanto para libros electrónicos como para audiolibros. La plataforma, que protege los libros de la piratería, automatiza el envío de recordatorios y el seguimiento de reseñas, reduciendo significativamente la carga de trabajo. Cuenta diferentes planes de suscripción, desde opciones gratuitas hasta planes premium con herramientas avanzadas.

Los autores pueden solicitar que los lectores/oyentes dejen sus reseñas en plataformas como Amazon, Goodreads, Audible, Barnes & Noble, Apple Books, Kobo o Google Play Books.

Si quieres probarlo gratis durante 30 días, usa este enlace: www.soykevinalbert.com/booksprout

Book Bounty:

Permite a los autores obtener reseñas verificadas mediante un sistema de intercambio. Los autores leen y reseñan libros de otros autores, acumulando puntos que luego usan para recibir reseñas en sus propios libros. La plataforma ofrece diferentes planes de suscripción, desde opciones gratuitas hasta planes de pago con características avanzadas.

A diferencia de Booksprout, y en el momento de escribir estas líneas, las reseñas de Book Bounty están dirigidas exclusivamente a Amazon.

Si quieres probarlo de forma gratuita y además obtener un 15% de descuento en caso de que decidas suscribirte tras la prueba, usa este enlace: www.soykevinalbert.com/book-bounty

Personalmente considero Booksprout como un imprescindible en la caja de herramientas de cualquier autor autopublicado. Yo lo utilizo, además para conseguir reseñas de nuevos lectores, como medio por defecto para compartir mis libros y audiolibros con mis lectores más fieles (mi club de lectores). Por un lado, es mucho más profesional utilizar esta plataforma que enviar un PDF o un mp3 por un email. Y por otro, aumenta las posibilidades de que tu libro acabe en las manos de un lector realmente interesado y no en alguien cuyo único interés en tu libro se debe a que es gratis. No te haces una idea de los "lectores" que después de pedirte que les compartas un libro finalmente deciden no descargarlo simplemente por el paso adicional que supone hacerlo a través de Booksprout. Es una forma estupenda de filtrar a tus lectores y separar tu lista de correo entre "club de lectores" y "club de gorrones".

3. Pide tu reseña al final del libro.

Pocos lectores se dan cuenta de la importancia que tienen las reseñas para nosotros, los autores. Seguramente, muchos de los que hayan disfrutado tu libro estarían encantados de dejarte un comentario sobre él si tan solo les dieses un pequeño empujón.

Y puesto que Amazon no nos proporciona el correo —ni ningún otro dato— de nuestros lectores, debemos darles ese empujón desde el propio libro pidiendo de forma breve y concisa que nos dejen un comentario. Lo ideal es hacerlo en las últimas páginas, ya que las buenas reseñas suelen provenir de aquellas personas que han leído el libro hasta el final.

El simple hecho de pedir, multiplicará x2 el número de reseñas recibidas. Y si lo haces de forma correcta, el porcentaje de comentarios por libro leído se disparará.

¿Cómo pedir una reseña?

A. Céntrate en dar.

No hay nada de malo en pedir una reseña, pero si quieres obtener algo, primero deberías darlo tú.

CUIDADO: no estoy hablando de regalar nada a cambio de una reseña, esto va en contra de la política de Amazon. Me estoy refiriendo al hecho de haber ofrecido a tus lectores un buen libro que los haya entretenido, emocionado, inspirado... o en el caso de un libro de no ficción, **cumplido su promesa**.

B. Enfatiza la importancia de su reseña.

Para que tu lector tome la iniciativa, es importante que entienda que su reseña es importante para:

- **Mejorar el libro**: explícale que te ayudará a mejorar futuras ediciones de tu libro —u otros libros— gracias a su *feedback.*
- **Ayudar a otros lectores**: subraya la utilidad de un comentario para permitir que otros lectores puedan encontrar tu libro y saber qué esperar de él.

C. Humaniza tu petición.

Busca la forma de recordar a tus lectores que tras las páginas de tu libro hay una persona real —no una gran editorial—, con emociones y sentimientos reales. Cuéntales lo duro que fue el camino para terminar tu libro y la ilusión que te hizo el poder compartirlo con otras personas. Haciendo esto puedes **conseguir que te dejen una reseña *a ti*** además de a tu libro.

Truco pro: ya sabes que una imagen vale más que mil palabras, ¿verdad? Una forma rápida y efectiva de humanizar**te** es añadiendo una foto tuya no profesional en tu petición de reseña. Muestra un lado de tu vida privada con el que pienses que tus lectores podrían empatizar o sentirse identificados: una foto familiar, con tu mascota, practicando tu *hobby* favorito (si es coleccionar animales disecados, mejor opta por la foto familiar), …

D. Solo una petición.

Muchos autores aprovechan las últimas páginas de sus libros para hacer todo tipo de peticiones:

- Apúntate a mí *Newsletter*.

- Sígueme en mis redes sociales (y siete enlaces a sus redes sociales «favoritas»).
- Compra mi curso o mis otros libros.
- Contrata mis servicios.
- Déjame una reseña.
- ...

Todas son buenas llamadas a la acción para concluir tu libro, pero si no quieres que por exceso de peticiones tu lector acabe por no tomar ninguna de ellas, **elige solo una**.

Personalmente, te recomiendo que siempre empieces por la petición de una reseña y, cuando hayas alcanzado un número considerable, la cambies por tu siguiente petición favorita. Si tienes más libros, esa sería mi siguiente opción.

Nota: en la versión Kindle de tus libros sí puedes escoger, desde el principio, una llamada a la acción distinta a la petición de una reseña, pues el propio sistema sugerirá al lector que puntúe tu libro. Así, además, evitas sonar redundante.

E. Comparte el *link* directo a tu reseña.

Son muchos los autores que, en el momento de solicitar una reseña, incluyen un enlace a la página de su libro con el objetivo de facilitar el trabajo al lector. Aunque esto aumentará el porcentaje de conversión en cierta medida, convierte al lector en el responsable de buscar la página de reseñas y serán muchos los bienintencionados que acaben tirando la toalla antes de encontrarla y poder dejar su comentario.

¿Y si existiese la forma de incluir un *link* que los llevase directamente a la página de reseñas? Todo lo que tendrían que hacer es «clic» y empezar a escribir.

Existe y es muy sencillo:

1. Dependiendo del formato al que quieres dirigir a tu lector, físico o digital, busca su ASIN correspondiente.

2. Añade el ASIN elegido al siguiente enlace:

   amazon.es/review/create-review?&asin=

3. El link resultante es únicamente para Amazon.es; si tu mercado principal es otro, por ejemplo, el americano, tan solo cambia el *.es* por *.com*.

Truco pro 1: usa un acortador de URL. Si quieres que tu URL luzca más bonita (lo que se traducirá en una mayor conversión) puedes utilizar un acortador de URL como por ejemplo *Bitly*[26].

Truco Pro 2: crea un código QR. Especialmente para la versión física de tu libro, además de utilizar un acortador de URL puede ser interesante convertirla en un código QR[27]. Ponte en el lugar del lector: imagina que estás en la playa leyendo un libro (en papel) y de pronto el autor te sugiere que visites una página web, ¿qué te resultaría más sencillo: teclear una dirección web en tu *smartphone* o acceder únicamente utilizando la cámara de tu móvil?

---

[26] *bitly.com*
[27] Yo uso *codigos-qr.com*

4. Consigue el *email* de tus lectores.

Como acabo de comentar, Amazon no nos proporciona ningún dato de contacto de nuestros lectores (en mi opinión, uno de los mayores inconvenientes de vender en esta plataforma), por lo que, a no ser que el cliente nos escriba primero, no tenemos forma de comunicarnos con él.

Pero, ¿qué pasaría si pudiésemos hacernos con el correo de nuestros lectores?

Pues que, en primer lugar y tras haber esperado un tiempo razonable, podríamos escribirles interesándonos sobre qué les ha parecido nuestro libro y **animarles a escribir una reseña**.

Y, ¿cómo se consigue?

Pues, como siempre, dando antes de esperar recibir. Así que lo primero que tienes que hacer es pensar qué puedes ofrecer a tus lectores lo suficientemente atractivo, sin pasarte, como para que estén dispuestos a darte su *email* a cambio.

Puede ser el acceso a un vídeo o vídeos formativos, la asistencia a uno de tus webinars, la versión en audio de tu libro, una plantilla Excel, etc.

Una vez que has decidido qué es lo que vas a ofrecer a tus lectores, bastará con indicarles que para conseguir dicho recurso gratuito lo único que tienen que hacer es escribirte un email solicitándotelo.

Hay varias formas de automatizar este proceso, pero hasta que empieces a recibir tantas solicitudes como para que tengas que dedicar más de una hora a la semana a contestarlas, esto será más que suficiente. Pero si por algún motivo quieres aprender cómo automatizar este proceso desde el principio, escríbeme un email a *books@soykevinalbert.com* con el asunto «Automatización». ES BROMA ;)

Por último, ¿dónde colocamos este mensaje?

Muy fácil. Si la petición de la reseña la hemos hecho al final del libro, la del *email* la vamos a hacer al principio, si es posible, o al final del capítulo relacionado con el recurso gratuito que queremos ofrecer.

Ahora que ya tienes el contacto de tus clientes, **úsalo con responsabilidad**. Aunque el lector te haya dado expresamente su permiso para contactar con él, trata de seguir siempre esta regla:

Contacta con tus lectores solo si tienes algo que aportar.

En el primer *email* es fácil poner como «excusa» el interesarte por qué le ha parecido el libro y resolver las dudas que le hayan podido quedar antes de solicitarle una reseña. Pero si después de esto no consigues su reseña y quieres volver a solicitársela, piensa muy bien qué le va a aportar tu segundo correo antes de volver a escribirle. Si no se te ocurre nada, lo siento, pero no puedes volver a molestarlo.

5. Relanza tu libro.

Una buena forma de dar un nuevo empujón a las ventas de tu libro al mismo tiempo que consigues un buen número de reseñas extras es hacer un relanzamiento.

Esto simplemente **consiste en montar un nuevo equipo de lanzamiento** y, si quieres, incluir algún nuevo capítulo o actualización (que aporte valor, claro). De esta forma, no solo conseguirás esas nuevas reseñas que andas buscando, sino que además volverás a escalar posiciones en el ranking de Amazon, lo que a su vez traerá nuevas ventas.

Nota: esta estrategia es ideal para aquellos autores que quieran revivir un libro que ya tuviesen publicado en Amazon antes de haber leído esta guía.

Cómo gestionar las malas reseñas.

Recibir reseñas positivas es todo un subidón. Que alguien a quien no conoces absolutamente de nada y que tal vez te lea desde la otra punta del mundo te deje una valoración de 5 estrellas en Amazon realmente te hace sentir que todo el esfuerzo realizado ha merecido la pena.

Pero, por suerte o por desgracia, tarde o temprano alguien va a dejarte un mal comentario. Es ley de vida, pero no te preocupes, **no siempre es algo negativo**:

1. Son señal de que estás vendiendo. La mejor manera de asegurarte de no recibir una mala reseña es no vender ni un solo libro. Siento decirte que, si sigues los consejos que te cuento en este libro, eso no va a pasar. Los autores que vendemos bien o muy bien vamos a tener malas reseñas, así que, a no ser que el número de estas sea mayor que el de las positivas... ALÉGRATE.

2. Te dan credibilidad. Un libro que solo tiene reseñas positivas a menudo no parece real. Tener alguna reseña negativa ayuda a convencer a tus lectores potenciales de que el resto son auténticas.

3. Te ofrecen la posibilidad de mejorar. Obviamente, si la reseña se limita a decir «tu libro apesta» o «no me ha gustado», de poco va a servirte, pero si nos encontramos con una que nos explica qué es exactamente lo que no le ha gustado, nos ofrece la posibilidad de revisarlo y mejorar o incluso eliminar esa parte si lo consideramos oportuno. Presta atención especialmente a los comentarios que se repiten.

Ahora que has descubierto el lado positivo de una reseña negativa, veamos cómo lidiar con estas cuando aparezcan:

1. Toma perspectiva. Por propia experiencia y por la de mis clientes, sé que el primer impulso tras recibir una reseña negativa es enfadarte si sabes que tienes un libro estupendo, o deprimirte si no tienes mucha fe en tu obra. Ninguno de estos dos estados de ánimo te ayudará a afrontar la situación de forma adecuada, así que lo fundamental es tomar perspectiva. En primer lugar, recuerda que una mala reseña no es siempre algo negativo como acabamos de ver y, en segundo lugar, te recomiendo que pienses en tu libro favorito, lo busques en Amazon y vayas a la sección de reseñas. ¿Sorprendido? Quién podría imaginarse que ese libro tan maravilloso que te cambió la vida podía tener semejante número de comentarios negativos, ¿verdad? Seguro que ahora esa reseña que no te dejaba dormir ya no te parece algo tan grave.

2. Clasifica las reseñas. Te aconsejo que trates de incluir la reseña en una de estas 3 categorías, pues actuaremos de forma diferente en cada caso: constructivas, inútiles o malintencionadas.

- **Constructivas: utilízalas para mejorar**. Como ya hemos visto, si la reseña contiene información de utilidad y nos explica qué es lo que ha empujado al lector a dejarnos un mal comentario, podemos emplearla para actualizar y mejorar futuras ediciones de nuestro libro.

- **Inútiles: ignóralas**. Si no nos proporciona ninguna información y se limita a una queja sin argumento alguno, lo mejor que podemos hacer es ignorarla y seguir a lo nuestro, vender libros.

- **Malintencionadas: denúncialas a Amazon**. Si es ofensiva o adviertes algo sospechoso en ella que te haga pensar que ha sido dejada por tu competencia con el único objetivo de disminuir tu puntuación global, puedes denunciarla a Amazon y solicitar su eliminación.

> Para ello, tan solo tienes que pinchar en el botón «Informar de un abuso» que encontrarás justo debajo de ella.

Llegados a este punto, ya tienes todas las herramientas necesarias para garantizar que tu libro se convierta en un auténtico *longseller* que siga cosechando ventas sin que tú tengas que hacer nada.

¿Quiere decir esto que ya puedes tumbarte en una hamaca a esperar que lleguen esos 600 euritos mensuales que te he prometido?

Pues... aunque hay casos en los que pasa (varios de mis alumnos lo han conseguido ya desde el primer mes de lanzamiento y sin tener que hacer nada más), por lo general esto se debe más bien a un golpe de suerte, especialmente fuera del mercado americano (donde sí es algo frecuente).

Lo cierto es que para la inmensa mayoría **las ganancias van a estar comprendidas entre los 50€ y los 300€ mensuales**, y esto si haces las cosas bien y como te he explicado hasta el momento; si no, tus ingresos mensuales estarán mucho más cerca de 0€ que de 50€.

«¡PUES VAYA TIMO! ¡Eso no es lo que habías prometido!» ...estarás pensando.

Calma.

Aunque esto es todo lo que, en el mejor de los casos, puedes esperar aprender con otros libros similares, en este libro... **ahora empieza lo bueno**.

CAPÍTULO 22

El método DTP: 600€ al mes garantizados

Puede que no lo sepas, pero este libro tuvo su origen en una campaña de *crowdfunding*[28] en Kickstarter (si quieres puedes curiosearla entrando en este enlace: *soykevinalbert.com/kickstarter*).

Aunque fue todo un éxito y no tuve problemas en conseguir el objetivo de financiación, hubo muchas personas, escritores incluidos, que me acusaron, públicamente y por privado, de mentiroso y estafador pues, según ellos, no era posible garantizar 600€/mes con un solo libro, y mucho menos, en menos de un año.

[28] El *crowdfunding* es un modelo de financiamiento colectivo donde distintas personas de cualquier parte del mundo contribuyen con pequeñas o grandes aportaciones económicas para que un proyecto pueda hacerse realidad.

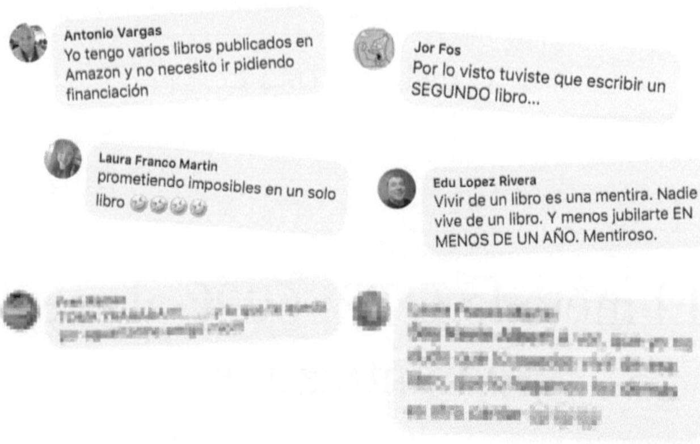

Comentarios públicos reales durante la campaña de *crowdfunding*.

Entre los autores que me escribieron acusándome de charlatán, **había incluso quienes me reconocían que sí llegaban a los 600 euros mensuales** (o mucho más) con alguno de sus libros, pero que con otros no conseguían pasar de los 100.

Esto es así: unos libros van a venderse mejor que otros.

Por ponerte un ejemplo, un conocido mío tiene varios libros publicados y mientras que la mayoría de ellos no llegan a los 600€/mes, uno en concreto le genera más de 15.000€ todos los meses. Como él mismo reconoce, no sabría decir qué tiene ese libro de especial y atribuye su éxito más bien a una cuestión de suerte.

Por supuesto, esto también podría pasarte a ti y empezar a ganar no 600... sino más de 10.000 euros desde el primer momento y sin tener que hacer nada. Pero al igual que a este chico, sería una cuestión de suerte y ahí yo no puedo ayudarte. Si lo que buscas es pegar el pelotazo, mejor juega a la lotería.

Donde sí puedo ayudarte es a **garantizar los 600€/mes**.

¿Cómo es posible? ¿No había dicho en el capítulo anterior que, en la mayoría de las ocasiones, las ganancias iban a estar comprendidas entre los 50 y 300€ mensuales? ¿Me estoy liando?

Nada de eso, es aquí donde entra en juego MI MÉTODO. Puedes llamarlo el método Kevin para escritores y no escritores de no ficción que desean vivir de sus libros y mandar a la mier** a su jefe... o Método DTP: Divide, Traduce y Promociona.

Con este método seguimos dejando en manos del destino el pegar el pelotazo y ganar 10.000€ o más con un solo libro sin tener que hacer nada, pero nos aseguramos los 600€ al mes aplicando estas tres sencillas estrategias.

Estrategia nº1: **divide**.

Como acabo de contarte, algunos de los autores que me escribieron durante la campaña de *crowdfunding* me confesaban que, aunque con algunos libros sí sacaban un buen sueldo, con otros no pasaban de los 100 o 200 euros. Por mi experiencia personal y la de mis colegas y clientes, es raro que un libro dé menos de 100 euros al mes si se han hecho los deberes (los pasos que te he explicado hasta ahora). Sin embargo, vamos a ponernos pesimistas solo por un momento: supongamos que, una vez que lanzas tu libro, solo consiguieses ingresar 50€ al mes.

Creo que incluso aquellos que me escribieron para ponerme de estafador y mentiroso para arriba estarían de acuerdo en que **50€/mes sí se pueden garantizar**. Imagino que tú también estarás de acuerdo, ¿verdad?

Si vendes tu libro digamos a 19,99€, tus *royalties* por libro vendido rondarán los 10€[29]. Esto quiere decir que vendiendo 5 libros al mes ya llegarías a los 50€. Y eso que, para simplificar, no estoy teniendo en cuenta los *royalties* de la versión digital de tu libro, que muchos meses serán mayores que los del físico.

---

[29] Variará dependiendo del número de páginas: a más páginas, menos *royalties* (si el precio de venta se mantiene).

¿Te ves capaz de hacer 5 ventitas al mes en una librería (Amazon) que usan más de 300 millones de personas? Fácil, ¿verdad?

¡Seguimos!

Estoy seguro de que en tu primer libro has querido condensar todo el conocimiento y experiencia que has ido acumulando durante años y escribir un libro del que sentirte orgulloso. Eso está genial y la sensación de autorrealización es incomparable, pero no quiere decir que un libro gordo de tropecientos capítulos vaya a venderse mejor que un libro finito centrado en uno solo de esos capítulos.

¿Sabías que los libros de entre 5.000 y 15.000 palabras se están poniendo de moda en Amazon y que se están vendiendo muy, muy bien?

Los lectores, especialmente los de no ficción, buscan, cada vez más, libros que vayan directos al grano, que aporten soluciones a sus dolores de forma breve y concisa y que puedan consumirse de una sentada.

Seguro que ya te vas oliendo por dónde voy.

¿Y si divides tu libro por capítulos —aquellos más importantes— y los publicas de forma independiente como *short reads* o minilibros?

Digamos que, además de publicar tu libro, publicas otros cinco minilibros compuestos por los cinco capítulos más importantes del principal. El número de minilibros que puedas publicar dependerá, en parte, de la extensión del principal, claro, pero seguro que, en el peor de los casos, no te resulta difícil extraer cinco buenos capítulos que puedan funcionar bien por separado.

Con esta sencilla estrategia habrás multiplicado x6 los beneficios de tu libro, que en realidad... ¡Son el mismo libro, pero por fascículos!

- Libro principal = 50€/mes
- Minilibro 1 = 100€ (50€/mes x 2)
- Minilibro 2 = 150€ (50€/mes x 3)
- Minilibro 3 = 200€ (50€/mes x 4)
- Minilibro 4 = 250€ (50€/mes x 5)
- Minilibro 5 = 300€ (50€/mes x 6)

Puede que te estés preguntando: ¿un minilibro puede venderse al mismo precio que el principal? Pues, por poder se puede, aunque no es lo normal ni lo que yo te recomiendo. Sin embargo, ¿puede vender tantas unidades como el principal? Por supuesto, y al tener un precio más reducido —entre otras cosas—, te aseguro que venderás muchas más unidades que del principal. Aunque el precio sea más bajo, lo importante es que al final las ganancias son las mismas con los pequeños que con el grande.

Ejemplo:

Libro principal .... 5 ventas x 10€ = 50€
Minilibros .... 10 ventas x 5€ = 50€

¿Se te ocurre una forma más rápida de multiplicar los ingresos de tu libro?

Piénsalo: incluso en el mejor de los casos en el que apliques mi método *Escritor en 30 días*, escribir un buen libro va a requerirte de varias semanas de trabajo. Sin embargo, **dividirlo es cuestión de unas pocas horas**.

¿No termina de seducirte la idea de *desguazar* tu libro? Es normal, a mí al principio también me costaba verlo. Tenía la impresión de estar vendiendo libros incompletos cuando lo cierto es que estaba vendiendo **libros ultraespecíficos o especializados** con muy buena acogida por parte de los lectores.

Una vez que tú también cambies tu perspectiva, se abrirá ante ti un nuevo mundo de posibilidades.

7 beneficios ocultos de dividir tu libro.

1. Aumenta tu autoridad.

Si piensas que publicar un *bestseller* en tu campo te proporciona autoridad, imagina lo que pueden hacer varios *bestsellers* por tu marca personal. Las personas te percibirán como un mayor experto si tienes diez libros publicados que si tienes solo uno, ¡aunque en realidad se trate del mismo!

2. Mayor alcance y visibilidad.

Al dividir tu libro en varios minilibros, tendrás la oportunidad de emplear *keywords* específicas para cada uno de ellos. Esto, entre otras cosas, te permitirá probar **tantos títulos diferentes como minilibros** decidas publicar, y como ya sabes, *el título de un libro es el secreto nº1 para ser encontrado en Amazon.* De esta forma, estamos multiplicando nuestras posibilidades de ser descubiertos por nuestros lectores potenciales.

3. Para todos los gustos.

Puede que pienses que si escribes un compendio sobre una determinada materia estarás escribiendo el libro perfecto para todos aquellos interesados en ella. Sin embargo, habrá personas que prefieran leer un libro más específico que se centre en un único punto o idea.

Al dividir tu libro estarás creando el libro perfecto para un mayor número de personas, aumentando así tus posibilidades de venta.

4. Para todos los bolsillos.

A pesar de que un libro es un producto relativamente económico, habrá personas a las que les duela pagar, digamos, 29€ por un tocho del que solo les interesa uno de sus capítulos, y además, de un autor al que todavía no conocen.

Los minilibros permiten a los lectores pagar un precio más reducido al tratarse de un solo punto o capítulo del libro principal.

Como la inversión necesaria es menor, será mayor el número de lectores que decidan darte una oportunidad y, si les gusta lo que leen, hay muchas posibilidades de que acaben comprando el resto de minilibros de la serie, especialmente si al final de cada uno de ellos haces una buena introducción del siguiente.

Estamos ofreciendo al lector la posibilidad de comprar nuestro libro en cómodos plazos.

5. Mayores ingresos.

Pongamos que decides vender tu libro principal a 19,99€ (un precio relativamente alto para un libro, independientemente de su longitud) y tus minilibros a 9,99€ (un precio bastante ajustado incluso para un minilibro) cada uno.

Si has dividido tu libro principal en cinco y algún lector acaba comprándolos todos, algo muy probable, en lugar de haber facturado 19,99€ con tu libro principal... ¡habrás facturado 49,95€! ¡Dos veces y media más!

6. Más tickets de lotería.

No me gusta nada depender de la suerte y menos en lo relativo a mi economía. Por eso creé este sistema con el que, como mínimo, me garantizo los 600€/mes por cada libro. Pero esto no quiere decir que si uno de mis libros es bendecido por la diosa de la Fortuna y empieza a generarme 10.000€ al mes sin saber ni cómo ni por qué (tal y como le pasó a mi amigo), no vaya a ponerme a dar saltos de alegría. Si la suerte llama a mi puerta, bienvenida sea, por supuesto.

Pues bien, dividiendo tu libro en varios minilibros lo que estás haciendo es comprar más «billetes de lotería» y aumentando las posibilidades de que tu número sea el agraciado.

7. Motivación.

Después del hecho de que **dividir tu libro multiplica tus ingresos**, este es mi segundo beneficio favorito cuando todavía estás en proceso de escribir tu libro.

Tanto si todavía estás terminando tu libro como si aún no has empezado, te recomiendo probar lo siguiente: en lugar de acabar de escribirlo por completo para después dividirlo y publicarlo por partes, **empieza a publicar los minilibros conforme tengas terminados los capítulos que los componen** y, posteriormente, cuando termines toda tu obra, publica el libro principal.

Te aseguro que ver cómo tus minilibros empiezan a venderse y a generarte ingresos te ayudará a mantener la motivación necesaria para conseguir terminar tu libro y que no te pase como a millones de autores que empezaron pero nunca llegaron a acabar sus obras.

Espero que con todos los beneficios —tanto para ti como para tus lectores— que te he contado, te animes a aplicar esta extraordinaria estrategia que te pondrá las cosas muy fáciles a la hora de alcanzar el objetivo de los 600€.

Ya solo nos queda por ver...

Cómo dividir un libro.

Una vez que consigues cambiar el chip y empiezas a ver los minilibros como libros ultraespecializados que aportan un gran valor a los lectores proporcionando soluciones concretas a problemas concretos, se te ocurrirán decenas de formas en las que dividir tu libro. Podrías crear series de minilibros con las secciones de tu libro principal, otros con los capítulos de este, puede incluso que te des cuenta de que determinados puntos es mejor escribirlos directamente como libros independientes (que no forman parte de una serie) y solo hacer una pequeña mención en el principal, etc.

Para verlo más claro y que te sirva de inspiración, voy a enseñarte el plan de división y publicación (provisional) de mi libro principal: *Vivir de mi libro.*

Este era índice inicial que tenía pensado incluir:

1. ESCRIBE TU LIBRO.
Cap. 1 – Por qué escribir un libro.
Cap. 2 – Excusas y bloqueos del escritor.
Cap. 3 – Qué escribir.
Cap. 4 – El título.
Cap. 5 – Cómo escribir tu libro.
    5.1. La magia de los mapas mentales.
    5.2. El poder de la investigación.
    5.3. La estructura de los esquemas.
Cap. 6 – Reto: Escritor en 30 días.

2. PUBLICA TU LIBRO.
Cap. 7 – Autopublicación vs. editorial.
Cap. 8 – Edición.
Cap. 9 – Maquetación.

Cap. 10 – Portada.

Cap. 11 – Descripción.

Cap. 12 – Palabras clave.

Cap. 13 – Categorías.

Cap. 14 – Precio.

Cap. 15 – Sube tu libro a Amazon.

3. VENDE TU LIBRO.

Cap. 16 – *Bestseller* en 24 horas.

Cap. 17 – De bestseller a longseller.

Cap. 18 – Reseñas.

Cap. 19 – Tu libro de jubilación.

19.1. Estrategia nº1: divide.

19. 2. Estrategia nº2: traduce.

19. 3. Estrategia nº3: promociona.

Cap. 20 – Amazon Ads.

Cap. 21 – Facebook Ads.

Cap. 22 – Audiolibro.

Cap. 23 – Crowdfunding.

Cap. 24 – Preventa en Amazon.

Cap. 25 – Re-lanza tu libro.

¿Cuántos minilibros serías capaz de sacar de este índice? Yo, de momento, he pensado en sacar 12 más el libro principal. Y seguro que durante el camino acaban surgiendo otras tantas ideas para nuevos minilibros:

1. Minilibro: *Escribe tu libro* (4,99€)
2. Minilibro: *Publica tu libro* (4,99€)

3. Minilibro: *Vende tu libro* (6,99€)
4. **Libro principal**: *Vivir de mi libro* (9,99€)
5. Minilibro: *Audiolibro* (4,99€)
6. Minilibro 4: *Amazon Ads* (9,99€)
7. Minilibro 5: *Facebook Ads* (9,99€)
8. Minilibro: *Crowdfunding* (4,99€)
9. Minilibro: *Re-lanza tu libro* (4,99€)
10. Minilibro: *Portada* (1,99€)
11. Minilibro: *Edición* (1,99€)
12. Minilibro: *Maquetación* (1,99€)
13. Minilibro: *Reseñas* (1,99€)

He organizado la lista en la secuencia que tengo pensado ir publicando e indicado el precio al que tengo previsto hacerlo (versión Kindle).

Preparar una lista como esta por adelantado, con una posible división de tu libro en minilibros, puede hacer además que acabes teniendo una mejor versión del principal, pues no sentirás la necesidad de incluir en este absolutamente toda la información de la que dispones por el mero hecho de demostrar cuánto sabes o de no dejarte nada en el tintero. Algunos capítulos, por muy interesantes que puedan ser, es mejor dejarlos para un libro independiente, consiguiendo así mejorar la comprensión y el valor de tu libro principal.

Truco pro: una vez que tengas tu lista preparada, mira a ver **qué minilibros podrían funcionar como una serie**. Por ejemplo, yo decidí agrupar el 1, 2 y 3 de mi lista en la serie *Triunfa* *con tu libro* (escribe, publica y vende). De esta forma, cuando los subas a KDP podrás indicar que se trata de una serie de libros y Amazon avisará a los lectores que hayan comprado uno de ellos de la existencia de los otros de la serie, algo que obviamente mejorará tus ventas.

Consideraciones a la hora de dividir un libro.

Tan solo una recomendación si decides utilizar esta estrategia y dividir tu libro:

Trata a tus minilibros con el mismo cariño que a tu libro principal.

Dividir un libro en cinco minilibros te llevará menos de una décima parte del tiempo del que te llevaría escribir cinco nuevos libros, pero esto no quiere decir que no requiera trabajo.

Si para tu libro principal dedicaste una semana a preparar una buena portada, te preocupaste en escribiste un título (y subtítulo) que enamorase a Amazon y a tus lectores, coordinaste un equipo de lanzamiento para escalar posiciones en el ranking y conseguir tus primeras reseñas... **¡Con tus minilibros debes hacer exactamente lo mismo!**

Truco pro: aprovecha el final de tus minilibros para introducir, al menos, otro minilibro y añadir un **enlace directo universal** a este. Esto es especialmente efectivo cuando se trata de una serie.

¿Por qué digo enlace universal?

Muchas personas no saben que Amazon en realidad está compuesto por un total de catorce tiendas online diferentes (*.com*, *.es*, *.fr*, etc.). Esto quiere decir que, si compartes un enlace a tu libro en Amazon.es el usuario será enviado a la versión española de la plataforma y si este no tiene cuenta en dicha tienda no podrá comprarlo directamente.

Es aquí donde entran en juego los enlaces universales.

En lugar de ignorar a tus lectores internacionales o compartir catorce enlaces diferentes para cada una de las tiendas de Amazon, vas a crear un enlace mágico que redirija al usuario a la página de tu libro «de su país».

Para ello vamos a utilizar la herramienta Booklinker. Su uso no puede ser más sencillo:

1. Entra en *booklinker.com*.
2. Introduce el enlace (URL) de tu libro.
3. Pincha en «Create Universal Link».
4. Personaliza tu enlace universal (con el título de tu libro, por ejemplo).
5. Regístrate.
6. ¡Listo!

Así es como quedaría el nuevo enlace universal a uno de mis libros:

- **Antes**: amazon.es/gp/product/B087ZGC5GB/
  **Válido solo para Amazon.es.*
- **Después**: mybook.to/triunfacontulibro/
  **Válido para las catorce tiendas de Amazon.*

Estrategia nº2: **traduce**.

Si en el capítulo anterior hiciste un cálculo mental rápido de los *royalties* que me generaría mi libro habiéndolo dividido en doce partes, te darías cuenta de que sin tener que hacer nada más e incluso con unos beneficios de 50€/mes por libro (que es una estimación muy conservadora), ya habría alcanzado el objetivo de los 600€ mensuales.

¿Pero qué ocurre si después de devanarte los sesos, en lugar de conseguir dividir tu libro en doce minilibros más, consideras que tan solo cinco de tus capítulos merecen ser publicados como libros independientes? Estaríamos hablando *únicamente* de 300€/mes. ¿Cómo llegamos a los 600€/mes prometidos?

Si ya has alcanzado los 300€ mensuales dividiendo tu libro y no quieres (o no se te ocurren) más divisiones, lo único que tienes que hacer ahora es algo tan sencillo como **traducir tu libro a otro idioma y... DOBLARTE EL SUELDO**.

Puede que te parezca una tontería por lo obvio que resulta pero, ¿sabes cuántos autores que están vendiendo muy bien sus libros todavía no los tienen traducidos?

Entiendo que alguien que ha publicado un libro y sus beneficios no le dan ni para pipas no se plantee traducirlo a otro idioma para que vuelva a pasarle lo mismo. Pero solo se me ocurren dos motivos para que aquellos autores que sí están obteniendo unas buenas regalías con sus libros no los tengan traducidos: no saben cómo hacerlo o piensan que es algo muy caro.

Si este es tu caso, vamos a ver dos formas de traducir tus libros a cualquier idioma de forma sencilla... ¡e incluso gratis!

1. Upwork: mi elección.

De todos los sitios en los que puedes buscar un traductor para tu libro, nuevamente te recomiendo apostar por Upwork y repetir los mismos pasos que seguiste para los trabajos de edición o de maquetación de tu libro.

Al igual que ocurría con estos trabajos, los precios varían enormemente y no es extraño recibir propuestas por encima de los 5.000€[30] pero no te asustes, haciendo una buena búsqueda, encontrarás buenos profesionales dispuestos a traducir tu libro por menos de 100€ por cada 10.000 palabras.

---

[30] Los precios oficiales (recomendados por la Editorial Freelancers Association) por traducir un libro están comprendidos entre 0,08€ y 0,17€.

2. Babelcube: gratuito.

Babelcube es una plataforma que pone en contacto a escritores y traductores. Los primeros consiguen traducir su libro de forma gratuita y los segundos obtienen un porcentaje de las ventas.

Una vez que llegues a un acuerdo con un traductor y el trabajo esté terminado, Babelcube publicará tu libro traducido en más de 300 canales de venta: Amazon, Apple, Barnes & Noble...

El sistema de reparto de *royalties* varía según el número de unidades vendidas. A mayor volumen de ventas, mejores condiciones para el autor: desde el 30% al inicio hasta el 75% pasados los 8.000$.

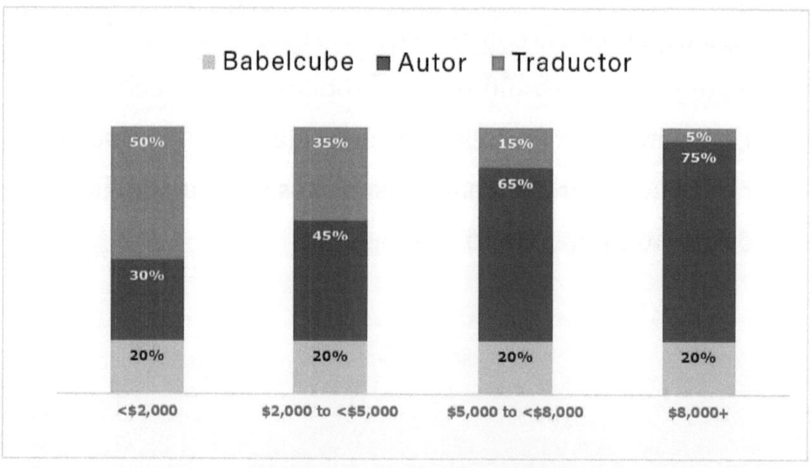

Repartición de *royalties* en Babelcube.

A tener en cuenta:

- Los libros cortos tienen más posibilidades de que un traductor se interese por ellos (pues le suponen un menor riesgo).
- Si ya has obtenido buenos resultados con tu libro en español, más traductores estarán dispuestos a traducirlo.
- Si nadie se interesa por tu libro cuando lo subes a la plataforma, puedes ser tú quien contacte directamente con los traductores. Babelcube ofrece un detallado listado de sus *freelancers*.

Ventajas de Babelcube:

- Coste = 0€ (únicamente compartes las ganancias).
- Posibilidad de traducir tu libro a más de 15 idiomas.
- Tú eliges a tu traductor o equipo de traductores.
- Vende tu libro en cientos de canales de venta y servicios de suscripción.
- Gana ingresos adicionales de nuevos mercados.

Cómo funciona Babelcube.

1. Crea una cuenta. Proporciona tantos detalles como sea posible, ya que esto permitirá que los traductores te conozcan. Esta será tu tarjeta de presentación.

2. Crea el perfil de tu libro. Publica un perfil para cada libro que desees traducir. Asegúrate de incluir toda la información sobre su potencial: historial de ventas y *royalties*, reseñas, premios y reconocimientos (categorías en las que has llegado a *bestseller*) y cualquier otra información que consideres relevante. También es recomendable que incluyas un breve texto de muestra (máximo de 2.000 caracteres) de tu libro para que los traductores puedan proporcionar una prueba de traducción.

3. Elige a tu traductor. Una vez hayas subido el perfil de tu libro empezarás a recibir propuestas de diferentes traductores. En muchas ocasiones trabajan en equipo: uno se ocupa de la traducción y otro de la edición y corrección (todo un lujo). En cada propuesta se indicará el idioma de destino y el tiempo estimado. Ya solo tienes que revisar las propuestas, investigar el perfil de los traductores y aceptar la oferta elegida.

4. Revisa la traducción de las primeras páginas. Cuando las primeras diez páginas hayan sido traducidas, tendrás la oportunidad de revisarlas para comprobar la calidad y, si esta es pobre, poder cancelar el trabajo sin penalización.

Truco pro: si no tienes el nivel suficiente para revisar la traducción (lo más normal) y no cuentas con ningún amigo que pueda echarte una mano, en este punto puede ser interesante crear un minitrabajo en Upwork por unos 10-15€ para que otro *freelance* revise esta prueba de traducción.

5. Revisa la traducción final. Una vez la traducción esté terminada, podrás revisarla y sugerir cambios o modificaciones antes de aprobarla. Si por cualquier motivo consideras que no tiene la calidad suficiente y no puedes llegar a un acuerdo con el traductor, puedes anular el trabajo, pero se te cobrará un cargo por cancelación.

6. Prepara tu libro para distribuirlo. Babelcube te permitirá convertir tus libros en diferentes formatos, publicarlos y editarlos en sus distintos canales de venta.

7. Recibe tus *royalties*. Babelcube te pagará regularmente tus regalías y podrás hacer un seguimiento de las ventas y de los pagos desde tu panel de usuario.

Ahora que conoces dos métodos *low cost* para traducir tu libro de forma profesional, seguro que ya has empezado a hacer números: si dividiendo tu libro en cinco ya habías conseguido un mínimo de 300€ mensuales, con traducirlo únicamente a un idioma más ya habrías alcanzado el objetivo con el que me he comprometido en este libro: los 600€/mes.

Además, teniendo en cuenta el tamaño de otros mercados de Amazon (EEUU, Alemania, Francia...) en comparación con el de España, tus beneficios no solo pueden doblarse, sino que pueden llegar a multiplicarse x5 o x10 traduciendo tu libro a un solo idioma más, pues aunque la competencia sea mayor también lo es el número de clientes potenciales[31].

---

[31] Los lanzamientos de cinco cifras en Amazon.com son algo muy habitual.

¿Y si traduces tu libro a más de un idioma?

Obviamente, si por cualquier motivo después de traducir tu libro a otro idioma todavía no has alcanzado los 600€/mes (aunque sería muy extraño), te animo a elegir un nuevo idioma y repetir el proceso. Pero, mejor aún, si ya has alcanzado (o pulverizado) el objetivo... **elige un nuevo idioma y... ¡VUELVE A DOBLARTE EL SUELDO!**

Estrategia nº3: **promociona.**

Seguro que te has dado cuenta de que, únicamente aplicando las dos primeras estrategias del método DTP, podrías seguir aumentando tus *royalties* prácticamente tanto como quisieras, pero antes de ponerme la medallita y dar el objetivo por cumplido, quiero explicarte una última estrategia con la que podrás aumentar todavía más tus ingresos pasivos y que, además, en esta ocasión, no provendrían de los beneficios de tu libro.

Como ya te he contado, para dar con un sistema que me permitiese garantizar una pensión de jubilación con un solo libro, invertí bastante dinero (más de 5.000€) en diversos cursos y formaciones. Entre estos, llegué a comprar uno de algo más de 1.000€ sobre Facebook Ads. El creador, un reconocido gurú de habla hispana, me garantizó personalmente que **gracias a los anuncios de Facebook podría ganar tanto como quisiese vendiendo mi libro**. Yo ya estaba bastante escamado por otros cursos del mismo estilo que me habían colado anteriormente, pero como tenía amigos en común con dicho gurú y además ofrecía una doble garantía de devolución, finalmente decidí comprar el curso. Como te estarás imaginando, acabó no funcionando y, a pesar de su doble garantía, no conseguí que me devolviese el dinero.

El motivo de que este curso no sirviese para ganar dinero con un libro era porque, como tantos otros cursos, se basaba en lo que en marketing se conoce como una **escalera de valor**, y para emplear esta estrategia necesitas al menos un producto *gancho* (o de entrada) y un producto o servicio *premium*:

1. **Producto gancho**: se ofrece a un precio muy reducido (por debajo de 20€) o incluso gratis. Su objetivo es captar el *email* de los clientes. Lo normal es que el gasto en publicidad para llevar a los usuarios a la página web donde comprar o descargar este producto sea mayor que los ingresos obtenidos.

2. **Producto premium**: tiene un precio elevado (desde 100€ en adelante). Se ofrece a los usuarios que han comprado el producto gancho. Por pura estadística, un porcentaje de estos clientes comprará también el producto premium. Es aquí donde se recupera la inversión que se hizo para vender el producto de entrada y donde se obtienen los beneficios.

¿Ves dónde está el problema de este sistema si buscas ganar dinero con un libro?

- **Hay que pagar para venderlo**. Se considera que tu libro es el producto gancho.
- Se asume que tienes un producto premium. Yo no lo tenía.

Precisamente por esto solicité, sin éxito, que me devolviesen el dinero del curso de Facebook Ads que me habían colado: yo no quería tener que pagar para que leyesen mi libro ni tenía el tiempo ni las ganas de crear un producto premium por aquel entonces, y me imagino que, si tú estás leyendo este libro, estás en la misma situación.

¿Pero qué me dirías si te contara que acabé encontrando la manera de crear una escalera de valor sin necesidad de invertir dinero para que lean tu libro y con la que poder vender un producto premium sin tener que crearlo?

¿Demasiado bueno para ser verdad?

Recuérdalo en tu reseña ;)

1. Cómo vender tu libro sin invertir en publicidad.

Esta parte es fácil, ya la comenté al principio de esta sección. Puesto que vas a vender tu libro en Amazon y no desde tu propia página web, no necesitas gastar dinero en publicidad para atraer lectores potenciales hasta tu libro. ¡Amazon se ocupa!

2. Cómo vender un producto premium sin tener que crearlo.

Ahora viene lo bueno. En lugar de crear un producto premium, **vas a vender el producto premium de otra persona** :)

De esta forma, no será necesario que diseñes un producto extraordinario por el que la gente esté dispuesta a *rascarse el bolsillo*. Tan solo tendrás que encontrar ese producto extraordinario y promocionarlo... en tu propio libro.

Te estarás preguntado cómo demonios vas a ganar dinero promocionando el producto de otra persona. Permíteme que te haga una breve introducción al **marketing de afiliación**.

El marketing de afiliación es un sistema en el que un afiliado (tú) promociona el producto de otra persona o empresa (el productor), a cambio de una comisión por cada venta.

Es un sistema comercial estupendo en el que todo el mundo sale ganando:

- **El afiliado**: consigue rentabilizar su sitio web, sus redes sociales, **su libro**... a través de la venta de productos de terceros sin el trabajo que conlleva crear un producto premium.

- **El productor**: consigue nuevas ventas sin necesidad de invertir en publicidad.

- **El cliente**: pasa a tener más canales para buscar información sobre productos y poder tomar una decisión de compra más acertada. La recomendación suele venir de alguien en quien confía (tú).

¿Qué producto promociono?

Antes de explicarte el proceso para hacerte afiliado, lo primero es lo primero: cómo debe ser el producto que promociones y dónde encontrarlo.

Aunque en nuestra escalera de valor el producto premium no lo hayamos creado nosotros, debemos aplicar la misma lógica que utilizaríamos si, efectivamente, tuviésemos que hacerlo. El producto que promocionemos **debe ser un paso superior o complementario a nuestro libro**. También valdría un producto con un contenido similar pero en otro formato (un curso en vídeo, por ejemplo).

Poniendo como ejemplo mi propio libro, se me ocurren muchos productos que podrían ser del interés de las personas que lo hayan leído: *Cómo vender tus servicios gracias a tu libro*, *Crea un curso de tu libro*, *Facebook Ads para autores*, *Amazon Ads para autores*, *Crowdfunding para autores*, *Escribe tu libro en 30 días*, *Catapulta tu marca personal gracias a tu libro*... Obviamente los títulos habría que trabajarlos, pero pillas la idea, ¿verdad?

Te recomiendo que hagas una lista como esta con posibles cursos o productos que encajarían con tu libro antes de empezar tu investigación.

Ahora que ya tienes unas cuantas ideas interesantes de productos que podrían ser un buen complemento para tu libro, toca indagar si a alguien más se le había ocurrido alguna de esas ideas anteriormente y se ha creado un curso con ella.

Si sabes tanto sobre un tema como para haber escrito un libro sobre él, estoy seguro de que ya conoces a los mayores expertos de la materia y los mejores infoproductos del mercado.

Si por alguna razón no es así, tienes dos opciones:

- **Buscar en Google**. Bastará con que escribas los nombres de los productos de la lista que has elaborado acompañados de la palabra «curso». Cuando encuentres lo que estás buscando tendrás que informarte de si puedes vender ese producto como afiliado. Te recomiendo que le escribas un *email* al creador del curso y le preguntes directamente. La opción de afiliación no siempre se comunica de forma pública.

- **Buscar en Hotmart**[32]. Esta plataforma te permite buscar entre sus miles de productos de forma sencilla y filtrarlos atendiendo a diferentes criterios (comisión por venta, precio, etc.). Lo bueno de buscar en Hotmart es que, si encuentras un producto que te encaje, es casi seguro que cuenta con la opción de afiliado.

IMPORTANTE: antes de recomendar uno de estos cursos tienes que asegurarte de su calidad y de que vale lo que cuesta. Lo ideal es aconsejar uno que tú ya hayas hecho y con el que hayas quedado contento. Si no es así, tienes varias opciones: comprarlo y hacerlo, pedir al experto que te dé acceso a él durante unos días para poder revisarlo en profundidad, y/o investigar lo que opinan

[32] Hotmart es una plataforma especializada en la comercialización y distribución de productos digitales: hotmart.com

de él otros clientes. Piensa que te estás jugando tu reputación y credibilidad.

Si has escrito un libro del que estar orgulloso, no tires tu trabajo a la basura recomendando un curso malo o mediocre solo por el hecho de ganar unos euros de más. Aunque el curso no sea tuyo, como has sido tu quien lo ha recomendado en tu libro, el lector acabará relacionándolos en su cabeza y lo que opine del curso afectará a lo que opine de tu libro.

Debe ser un producto que recomendarías aunque no te llevases ninguna comisión: al hacerlo debes estar aportando valor. Por ejemplo, a mí no me habría costado nada haber incluido un enlace de afiliado al curso de Facebook Ads que he comentado y llevarme unos 500€ por cada lector que acabase comprándolo, pero no sería ético por mi parte puesto que yo no quedé contento con él.

¿Cómo convertirme en afiliado?

Ser afiliado de un curso o producto es tan sencillo como tener una URL de afiliado personalizada. Ejemplo:

- URL normal: supercurso.com
- URL de afiliado: supercurso.com/kevinalbert

Ambas URLs llevarían a la misma página web, es decir, el usuario vería exactamente lo mismo. La única diferencia es que, si el usuario termina haciendo una compra habiendo llegado a la web a través del enlace de afiliado, este afiliado recibiría una comisión por dicha venta.

Para conseguir tu enlace de afiliado tan solo tienes que registrarte en la plataforma en la que se encuentra alojado el curso que has elegido promocionar. Una vez registrado se te proporcionará tu enlace de afiliado y tendrás acceso a un panel de control desde el que llevar el seguimiento de tus ventas.

Ahora que ya tienes tu URL de afiliado solo tienes que compartirla tal cual te la han proporcionado o convertirla en un código QR como vimos en el capítulo anterior.

Ganarte un sueldo extra nunca fue tan fácil.

¿Dónde coloco mi URL de afiliado?

Puesto que el producto que vas a promocionar debería ser el paso siguiente a tu libro, lo normal es que tu recomendación y tu enlace de afiliado vayan al final. No solo por una cuestión de lógica, sino porque, además, colocándolo en las últimas páginas tendrás más tiempo de generar la confianza necesaria con tu lector y que tu recomendación tenga así un mayor efecto y posibilidades de conversión.

Cuidado con extenderte mucho con tu recomendación final y que tu libro acabe pareciendo una carta de ventas del producto promocionado. Hay quien escribe un libro solo como herramienta para vender su curso o el curso de otra persona. Esto canta mucho. Los lectores no son tontos y expresarán su descontento en sus reseñas.

Tu trabajo consiste en aconsejar un producto superior o complementario a tu libro. La tarea de convencer al cliente para que compre el producto premium recae en el creador del producto.

En lugar de explicar en el propio libro lo extraordinario que es el curso que promocionas, lo que puedes hacer es encontrar uno que tenga una buena página de ventas o, mejor aún, que el enlace de afiliado redirija a una suscripción a un webinar. El porcentaje de conversión de los webinar es muy superior:

- URL de afiliado > Página de ventas > Decisión de compra > **1-2% de conversión**.

- URL de afiliado > Suscripción a un webinar > Webinar > Página de ventas > Decisión de compra > **5-10% de conversión**.

¿Cuánto voy a ganar?

Ahora que ya has elegido el producto premium perfecto que quieres promocionar y has incluido el enlace de afiliado en tu libro, vamos a los números.

Para poder hacer un cálculo aproximado de las comisiones mensuales que conseguirás como afiliado, necesitas conocer 4 datos:

- **Precio del producto**. Supongamos que el producto premium que has decidido promocionar en tu libro cuesta 1.000€ (encontrarás infoproductos de hasta 5.000€ fácilmente).

- **Comisión por venta**. De estos 1.000€, tú te llevas el 50%, es decir, 500€ (50-50 es algo habitual en productos digitales, pues no tienen coste de producción y todo son beneficios).

- **Porcentaje de conversión**. Lo normal es que una buena carta de venta (tu libro) colocada en las manos de un cliente potencial (tu lector) convierta en torno al 2-4 %. Esto quiere decir que por cada 100 libros que vendas, deberían salir de 2 a 4 ventas[33].

- **Ventas mensuales de tu libro**. Si continuamos con los mismos números que hemos ido haciendo hasta ahora y

[33] Si el producto es más barato, será más fácil que salga una venta (y viceversa).

consideramos que, además del libro principal (cinco ventas al mes), hemos publicado cinco minilibros más (diez ventas al mes cada uno), tendríamos un total de 55 ventas mensuales. Con estos números conseguiríamos vender entre 1 y 2 productos premium todos los meses y **añadiríamos 500-1.000€ en comisiones de afiliado a las regalías mensuales de nuestro libro**.

¿Y qué pasa si ya tienes tu libro traducido a otros idiomas?

Pues que **podrías multiplicar esas comisiones de afiliado por tantos idiomas como tengas traducido tu libro**. Eso sí, tendrás que hacer el proceso de investigación de un buen producto premium para cada uno de estos idiomas.

CONCLUSIONES

Espero que después de haber leído las tres estrategias de las que se compone el método DTP eso de los 600€ que puede que al inicio del libro vieses con cierto recelo ahora te parezca un objetivo fácilmente alcanzable (o incluso poca cosa).

Si te fijas, simplemente dividiendo tu libro en cinco minilibros más y traduciéndolos a otro idioma ya habrías llegado al objetivo. Todavía podrías añadir tu enlace de afiliado a un producto premium, crear nuevas divisiones, traducirlo a más idiomas. Si haces números, verás que alcanzar los 3.000 o 5.000 euros con un solo libro no sería, para nada, algo descabellado. Entonces...

¿Por qué me he limitado a garantizar 600€/mes?

Primero, porque ese fue el objetivo inicial que me impulsó a escribir este libro: conseguir igualar en solo un año la pensión de jubilación que a mi padre le llevó más de cincuenta años conseguir.

Y segundo, porque he comprobado que cuando alguien descubre el verdadero potencial de un libro, el método DTP pasa a un segundo plano. ¿Por qué seguir dividiendo, traduciendo y promocionando si ya has superado, por mucho, tu objetivo inicial?

¿Te cuento un secreto?

Ninguno de mis alumnos ha llegado a dividir su libro en más de tres partes ni a traducirlo más allá de un segundo idioma, y aun así, TODOS han alcanzado su objetivo sobradamente y en menos de un año, algunos incluso durante el primer mes.

¿Cómo es posible?

A mí me gusta explicarlo con lo que yo llamo la ***ley del pasillo***:

Imagina que te encuentras al principio de un largo pasillo en el que hay una gran puerta al final. Esa puerta sería el objetivo que te has marcado (pongamos que son los 600€ mensuales con tu libro). Puesto que puedes ver tu objetivo, la puerta al final del pasillo, empiezas a caminar hacia ella. Pero a lo largo del camino te das cuenta de que además de la puerta del fondo, también hay puertas a los lados que nunca habrías llegado a ver si no hubieses empezado a caminar en dirección a la puerta del fondo. Ahora viene lo bueno. Como eres muy curioso, decides abrir algunas de estas puertas, aquellas que más te llaman la atención, y descubres que tras ellas se encuentran nuevas o mejores formas de alcanzar tu objetivo, otras que te permiten superar, por mucho, el que era tu objetivo en un principio y otras que te revelan objetivos que ni siquiera se te habían pasado por la cabeza pero que, una vez los conoces, hacen que te olvides por completo del que era tu objetivo inicial.

Esta ley aplicada al objetivo de este libro podría traducirse en que tu libro y minilibros no te den cincuenta sino 200€ cada uno, que tu libro principal alcance de buenas a primeras los 1.000€ mensuales, que una editorial te contacte y te ofrezca pagarte mucho más de lo que tú te habías marcado, que gracias tu libro te ofrezcan el trabajo de tus sueños, que Amazon se ofrezca a convertir tu libro en audio y pagarte muy bien por ello, que decidas crear tú mismo un producto premium[34]...

Si, como digo, esto siempre (o casi siempre) va a ser así, ¿para qué te he contado el método DTP?

Pues porque este método va a ser el responsable de que empieces a caminar hacia la puerta del fondo del pasillo. La mayoría de personas no somos capaces de dar ni un solo paso si no vemos las cosas muy claras y sabemos (o pensamos) que no hay riesgo de fracasar. Es la naturaleza humana. Con mi método te he dado la seguridad de que pase lo que pase, aunque no encontrases más puertas a lo largo del pasillo o no te gustase lo que descubrieses tras ellas, tu objetivo principal está garantizado.

---

[34] Todos son ejemplos reales de clientes y colegas.

Bueno, ¿y qué más?

Lo primero de todo, ¡enhorabuena!

Si es la primera vez que lees este libro y todavía tienes que ponerte manos a la obra, ¡enhorabuena! De todas las personas que hablan de escribir un libro, tú formas parte de ese pequeño 1% que pasa a la acción y decide formarse e informarse para hacer su sueño realidad.

Y, por supuesto, si ya has escrito, publicado y/o alcanzado tus primeros 600€/mes con tu libro ¡ENHORABUENA! Ya puedes decir con orgullo que **eres oficialmente escritor**.

Realmente, esto es todo un hito en la vida, uno por el que merece la pena brindar.

Si recapitulamos, en este libro has aprendido:

- Cómo superar los bloqueos del escritor.
- Cómo dar con la idea perfecta para tu libro, incluso si pensabas que ya la tenías clara.

- Cómo construir un título perfecto, uno que enamore a Amazon y dispare tus ventas.
- Cómo escribir tu libro en 30 días.
- Cómo editar tu libro a precios low cost.
- Cómo maquetar tu libro igual o mejor de lo que lo haría cualquier editorial.
- Cómo diseñar y validar la portada de tu libro eligiendo entre más de cien propuestas diferentes.
- Cómo potenciar las ventas de tu libro gracias a una buena búsqueda de palabras clave.
- Cómo escapar de la carrera de la rata gracias a tu libro.
- Cómo convertir tu libro en un bestseller en menos de 24 horas.
- Cómo convertir tu bestseller en un longseller que siga vendiéndose más allá de su lanzamiento.
- Cómo conseguir reseñas en Amazon de forma continua y legal.
- Cómo garantizarte un sueldo de 600€/mes con las ventas de un solo libro.
- Cómo empezar a obtener ingresos con tu libro antes de tenerlo terminado.
- Cómo traducir tu libro de forma gratuita.
- Cómo vender un producto premium sin tener que crearlo.
- ...

¿Y ahora qué?

Una vez que hayas alcanzado, al menos, los 600€/mes con tu libro, las posibilidades son inmensas:

- Puedes convertirlo en un audiolibro y publicarlo en Audible.
- Puedes aprender a hacer publicidad en Amazon y disparar tus ventas e ingresos.
- Puedes contratar a un ghostwriter (o escritor fantasma) para ayudarte a escribir nuevos libros... o mejor aún, escribirlos directamente por ti.
- Puedes formarte en Facebook Ads y crear un embudo de ventas desde tu propia página web.
- Puedes crear tu propio producto premium y promocionarlo en tus libros.
- Puedes, por supuesto, escribir un nuevo libro.
- ...

El viaje que has iniciado no termina aquí. Este es solo el comienzo de una gran aventura. Convertirse en escritor no es solo una meta alcanzada, sino una puerta a un universo de oportunidades. Cada libro que escribes, cada idea que plasmas en el papel, no solo te acerca más a tus sueños, sino que también tiene el poder de tocar vidas, de inspirar a otros y de cambiar el mundo.

Recuerda, el éxito no se mide solo en cifras de ventas o en ingresos mensuales. El verdadero éxito es la satisfacción de haber compartido tu voz con el mundo, de haber dejado una huella, de haber inspirado a otros a seguir sus propios sueños.

Sigue escribiendo, sigue explorando, sigue soñando. El mundo necesita más historias, más ideas, más voces auténticas. Te necesita a ti. Necesita tu voz.

Gracias por haberme permitido acompañarte en este viaje. Estoy deseando ver dónde te llevará tu camino.

¡Un abrazo, amigo escritor!
Kevin Albert

Mi padre (razón de ser de este libro) y yo.

Importante

Como todos mis libros, esta es una versión beta, es decir que, al igual que yo mismo (sí, soy un *macho beta*), irá mejorando con el tiempo y la experiencia. Para que esto sea así, **tu opinión es imprescindible**.

Por favor, déjame una reseña en tu plataforma favorita y **cuéntame qué te ha parecido:**

- ¿Qué es lo que más te ha gustado?
- ¿Hay algo que hayas echado en falta?
- ¿Añadirías o quitarías alguna parte?
- ...

¡Un regalo solo para ti!

¿Te gustaría leer **mi próximo libro completamente GRATIS**? ¡Escanea el código que aparece debajo y **apúntate a mi club de lectores**!

Te esperan grandes sorpresas: sé el primero en leer mis nuevos lanzamientos, escucha mis audiolibros de forma gratuita, consigue copias firmadas y dedicadas... ¡y mucho más!

Otros libros de Kevin Albert

www.ingramcontent.com/pod-product-compliance
Ingram Content Group UK Ltd.
Pitfield, Milton Keynes, MK11 3LW, UK
UKHW041634190726
13854UKWH00006B/2494

9 789916 993897